# BEI GRIN MACHT SICH IHR WISSEN BEZAHLT

- Wir veröffentlichen Ihre Hausarbeit, Bachelor- und Masterarbeit

- Ihr eigenes eBook und Buch - weltweit in allen wichtigen Shops

- Verdienen Sie an jedem Verkauf

Jetzt bei www.GRIN.com hochladen und kostenlos publizieren

Kristina Riedel

# Die Immobilienkrise in den USA

GRIN Verlag

**Bibliografische Information der Deutschen Nationalbibliothek:**

Die Deutsche Bibliothek verzeichnet diese Publikation in der Deutschen Nationalbibliografie; detaillierte bibliografische Daten sind im Internet über http://dnb.d-nb.de/ abrufbar.

Dieses Werk sowie alle darin enthaltenen einzelnen Beiträge und Abbildungen sind urheberrechtlich geschützt. Jede Verwertung, die nicht ausdrücklich vom Urheberrechtsschutz zugelassen ist, bedarf der vorherigen Zustimmung des Verlages. Das gilt insbesondere für Vervielfältigungen, Bearbeitungen, Übersetzungen, Mikroverfilmungen, Auswertungen durch Datenbanken und für die Einspeicherung und Verarbeitung in elektronische Systeme. Alle Rechte, auch die des auszugsweisen Nachdrucks, der fotomechanischen Wiedergabe (einschließlich Mikrokopie) sowie der Auswertung durch Datenbanken oder ähnliche Einrichtungen, vorbehalten.

**Impressum:**

Copyright © 2008 GRIN Verlag, Open Publishing GmbH
Druck und Bindung: Books on Demand GmbH, Norderstedt Germany
ISBN: 978-3-656-11669-1

**Dieses Buch bei GRIN:**

http://www.grin.com/de/e-book/187909/die-immobilienkrise-in-den-usa

**GRIN - Your knowledge has value**

Der GRIN Verlag publiziert seit 1998 wissenschaftliche Arbeiten von Studenten, Hochschullehrern und anderen Akademikern als eBook und gedrucktes Buch. Die Verlagswebsite www.grin.com ist die ideale Plattform zur Veröffentlichung von Hausarbeiten, Abschlussarbeiten, wissenschaftlichen Aufsätzen, Dissertationen und Fachbüchern.

**Besuchen Sie uns im Internet:**

http://www.grin.com/

http://www.facebook.com/grincom

http://www.twitter.com/grin_com

# **Die Immobilienkrise in den USA**

von Kristina Riedel

Wilhelm-Ostwald-Schule
Gymnasium der Stadt Leipzig mit vertieft
mathematisch-naturwissenschaftlichem Profil

angefertigt 2007/2008

in Zusammenarbeit mit Universität Leipzig
Wirtschaftswissenschaftliche Fakultät
Institut für Immobilienmanagement

# 1 Bibliografische Beschreibung

Name: Kristina Riedel
Thema: Die Immobilienkrise in den USA
Seitenzahl: 60
Anlagen: 3

## 1.1 Referat

In der folgenden Arbeit beschäftige ich mich mit der Immobilienkrise in den USA. Diese Krise wird auch Subprime- oder Hypotheken-Krise genannt, da die Gründe dafür bei der schlechten Bonität der Kunden im Subprime-Sektor und den dadurch zuhauf ausgefallenen Hypotheken zu finden sind. Subprimes sind Kredite an Kunden, die kaum oder gar keine Sicherheiten bieten können. Dadurch muss die Bank ein deutlich höheres Risiko als bei Kunden im Prime-Sektor eingehen.

Seit 2001 wurden jedoch vermehrt an ebensolche Kunden mit schlechter Bonität Kredite gegeben, weil auf dem Markt eine hohe Liquidität vorherrschte. Aufgrund einer hohen Nachfrage nach neuen Anlagemöglichkeiten mit hoher Rendite, wurden von den Banken neue forderungsbesicherte Wertpapierkonstrukte entwickelt. In diesen neuen Finanzprodukten konnten Kreditgeber ihre Forderungen an Schuldner weiterverkaufen und so ebenfalls auch die Risiken abgeben. Dadurch wurden die Risiken weit verteilt, auch über die amerikanischen Grenzen hinweg. Mittlerweile weitet sich die Immobilienkrise zu einer Wirtschaftskrise in den USA aus, die das Wirtschaftswachstum ernsthaft gefährdet. Der Finanzmarkt wurde durch diese schwierig zu bewertenden Wertpapiere sehr unübersichtlich. Aufgrund dieser Komplexität sind bis jetzt alle Folgen sehr schlecht abzuschätzen.

Ich möchte vor allem die Ursachen der Immobilienkrise und deren Auswirkungen auf private Haushalte und auf die Wirtschaft untersuchen. Außerdem möchte ich die Lösungsversuche von unterschiedlichen Institutionen analysieren und auf ihre Wirksamkeit prüfen.

## 1.2 Abstract

In the following paper I will concern myself with the realty crisis in the USA. This crisis is also called subprime mortgage crisis or credit crunch as the reasons can be found in the relatively high default probability of subprime customers and thus the numerous defaulted mortgages.

Subprime mortgages are credits given to customer, who provide scant or no collateral. Thereby the bank has to take a much higher risk than they would with a prime customer.

However, since 2001 such customers with poor creditworthiness were increasingly given credit, because there was a high liquidity on the market. Due to a high demand for new investment options with high yields, banks developed new asset-backed securities. Through those new financial products, lenders could resell the receivables on their borrowers and hence hand the risks over. Through this the risks were widely distributed, even across the American boarders. By now the realty crisis broadens to an economic crisis in the USA, which seriously threatens the economic growth. The capital market has become highly unmanageable through those asset-backed securities that are difficult to rate. As a result of this complexity, all effects can hardly be predicted.

First and foremost, I would like to study the causes of the realty crisis and its effects on private households and the economy. Furthermore, I would like to analyse the approaches to the problem from different institutions and to survey their effectiveness.

## 2 Inhaltsverzeichnis

| | |
|---|---|
| 1 Bibliografische Beschreibung | 2 |
|    1.1 Referat | 2 |
|    1.2 Abstract | 3 |
| 2 Inhaltsverzeichnis | 4 |
| 3 Verzeichnis über verwendete Abkürzungen | 5 |
| 4 Der Weg in die Krise | 6 |
|    4.1 The American Dream | 6 |
|    4.2 Federal Funds Rate | 9 |
|    4.3 Der Kredit- und Immobilienmarkt | 12 |
|    4.4 Adjustable Rate Mortgages (ARM) | 16 |
|    4.5 Forderungsbesicherte Wertpapiere | 18 |
| 5 Die Krise macht sich bemerkbar | 23 |
|    5.1 Zahlungsrückstände und Zwangsversteigerungen | 23 |
|    5.2 Abschreibungen, Aktienkurse und Insolvenz | 29 |
| 6 Lösungsversuche | 33 |
|    6.1 Die Fed | 33 |
|    6.2 Die amerikanische Politik | 38 |
|    6.3 Banken und Unternehmen | 44 |
| 7 Zusammenfassung und Ausblick | 46 |
| 8 Literaturverzeichnis | 48 |
| 9 Verzeichnis der Fachworterklärungen | 54 |
| 10 Abbildungsverzeichnis | 56 |
| 11 Anlagen | 57 |

## 3 Verzeichnis über verwendete Abkürzungen

| | |
|---|---|
| ABS | Asset Backed Security, Forderungsbesicherte Wertpapiere |
| ARM | Adjustable Rate Mortgages |
| CDO | Collateralized Debt Obligation |
| CPI | Consumer Price Index |
| Fed oder Federal Reserve | Federal Reserve System |
| FHA | Federal Housing Administration |
| OFHEO | Office of Federal Housing Enterprise Oversight |
| REIT | Real Estate Investment Trust |
| SPV | Special Purpose Vehicle |

## 4 Der Weg in die Krise

Die Ursachen für die Subprime-Krise sind komplex und vielschichtig. Jedoch kann man zwei unterschiedliche Ursachenstränge finden. Zum einen haben viele Amerikaner weit über ihre Verhältnisse gelebt und so für ihre Verschuldung gesorgt, zum andern haben die Banken dafür gesorgt, dass Risiken weit verteilt wurden und der Markt deswegen sehr unübersichtlich wurde.

### 4.1 The American Dream

Die Idee vom amerikanischen Traum wurde zuerst 1931 zusammengefasst. James Truslow Adams beschrieb damals in „The Epic of America", was er für die allgemeinen Wünsche und Träume der Amerikaner hielt und prägte so den Begriff „American Dream". Er betonte in seinem Buch besonders die individuelle Freiheit, Gerechtigkeit und die Möglichkeit eines gesellschaftlichen Aufstiegs. Bis heute vertraut die amerikanische Gesellschaft darauf, dass man durch harte Arbeit und eisernen Willen zu mehr Wohlstand kommen kann. Ein Indiz für diesen Wohlstand ist seit langem das Eigentumshaus. Schon 1918 wurde die landesweite Kampagne „Own your own home" von der Nachkriegsregierung, im Besonderen dem *Department of labor*, und verschiedenen Großunternehmern gestartet. Man wollte dadurch die politische Stabilität wiederherstellen und neue Investitionen fördern. Das Eigentumshaus wurde dadurch zum zentralen Gedanken des „American Dream". Mit der Kampagne wurde deutlich, dass es sich lohnt, für ein Eigentumshaus Schulden aufzunehmen. Diese Mentalität ist bis heute spürbar und Grund für die freiwillige Verschuldung der amerikanischen Gesellschaft. So stellte auch Präsident Georg W. Bush im Juni 2001 in einer Rede fest:

> "[H]omeownership lies at the heart of the American Dream. It is
> a key to upward mobility for low- and middle-income Americans.
> It is an anchor for families and a source of stability for

> communities. It serves as the foundation of many people's financial security. And it is a source of pride for people who have worked hard to provide for their families."[1]

Nach Ende des Zweiten Weltkrieges kam ein weiteres Element zum „American Dream" hinzu: Lifestyle, welcher fast ausschließlich durch Konsum definiert wird.

Auch die noch amtierende US-Regierung um Georg W. Bush hat sich die Förderung von Privateigentum zur Aufgabe gemacht. Man spricht von „Ownership Society".

> "...if you own something, you have a vital stake in the future of our country. The more ownership there is in America, the more vitality there is in America, and the more people have a vital stake in the future of this country."[2]   Georg W. Bush, 17.06.2004

Im Juni 2002 veröffentlichte die Regierung das Programm „A home of your own" zur Umsetzung dieses Ziels. Um vor allem einkommensschwache Familien zu unterstützten, wurde 2003 die „American Dream Downpayment Initiative" gesetzlich ins Leben gerufen. Die Regierung stellt seitdem jährlich insgesamt $200 Millionen zur Verfügung, damit sich

---

[1] etwa: „Der Besitz eines Eigentumshauses ist der Grundgedanke des amerikanischen Traums. Für einkommensschwache Familien und den Mittelstand ist es der Schlüssel zum Aufstieg. Es ist ein Zufluchtsort für Familien und eine Quelle der Stabilität für die Gemeinschaft. Das Eigentumshaus ist die Basis der finanziellen Sicherheit für viele Menschen. Und es ist der ganze Stolz für Menschen, die hart für die Versorgung ihrer Familien gearbeitet haben.",
Quelle: Bush, Georg W. (Hrsg.): A Home of Your Own. Expanding Opportunities for all Americans. Seite 4.

[2] etwa: „...wenn man etwas besitzt, hat man ein grundlegendes Interesse an der Zukunft des Landes. Je mehr Eigentum es in Amerika gibt, desto mehr Dynamik gibt es in Amerika und desto mehr Menschen haben ein grundlegendes Interesse an der Zukunft dieses Landes."
Quelle: Office of the Press Secretary (Hrsg.): President's Remarks at the National Federation of Independent Businesses.

einkommensschwache Familien ebenfalls ein Eigentumshaus leisten können. Sie erhalten $10 000 oder 6% des Kaufpreises von der Regierung, ohne das Geld zurückzahlen zu müssen.

Diese Maßnahmen haben dazu geführt, dass von 1994 bis 2004 der Anteil an Eigentumshäusern erheblich gestiegen ist (vgl. Diagramm 1). Vor allem einkommensschwache Familien konnten sich ihren Traum vom eigenen Haus erfüllen. Während zwischen 1965 und 1994 die Prozentzahl der Eigentumshäuser relative konstant bei 64% blieb, kommt es in den folgenden 10 Jahren zu einem Anstieg von 5% auf 69%[3]. Im 4. Quartal 2004 erreicht dieser Anstieg seinen Höhepunkt. Das U.S. Census Bureau konnte einen Anstieg um 1,2%[4] im Vergleich zum Vorjahr vermerken.

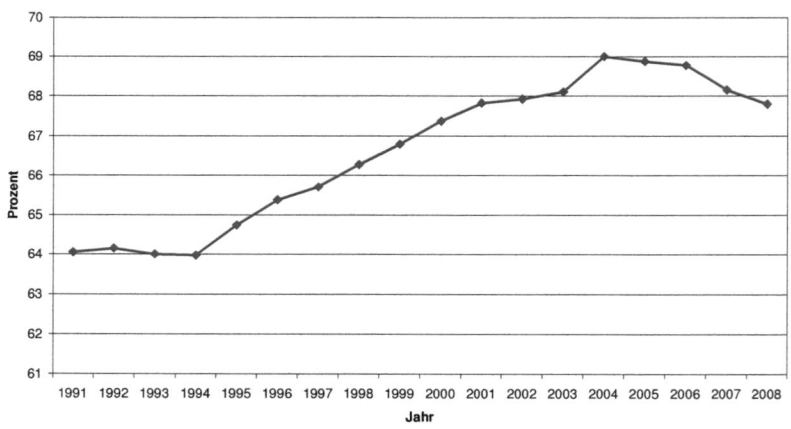

Diagramm 1: Eigennutzerquote[5]

Erst mit der Erhöhung des Leitzinses der Fed ab 2004 auf über 2% nimmt der Anteil der Eigentumshäuser wieder ab. Dies ist ein Vorbote der noch folgenden Entwicklungen, die ab dem Frühjahr 2007 der breiten Öffentlichkeit bekannt werden.

---

[3] Im Vergleich dazu Deutschland 2002: 42,2% Eigennutzerquote (Statistisches Jahrbuch 2002, S. 283)

[4] Eigentumshausanteil: 4. Quartal 2003: 68% im Vergleich zu 4. Quartal 2004: 69,2%

[5] Quelle: U.S. Census Bureau (Hrsg.): Homeownership Rates for the U.S. and Regions 1965 to Present.

## 4.2 Federal Funds Rate

Zusätzlich zu den günstigen staatlichen Vorraussetzung für einen Eigentumserwerb, gab es 2002 - 2004 ebenfalls einen sehr geringen Leitzins der Federal Reserve, der Zentralbank der Vereinigten Staaten. Ab Januar 2001 wurde der Leitzins innerhalb von nur einem Jahr bis Dezember 2001 von 6% auf 1,75% verringert. Einen ähnlich starken Rückgang des Leitzinses kann man auch wieder ab September 2007 erkennen: Innerhalb von nur 7 Monaten sank der Leitzins von 4,75% auf 2,00%. /siehe Anlage 1/

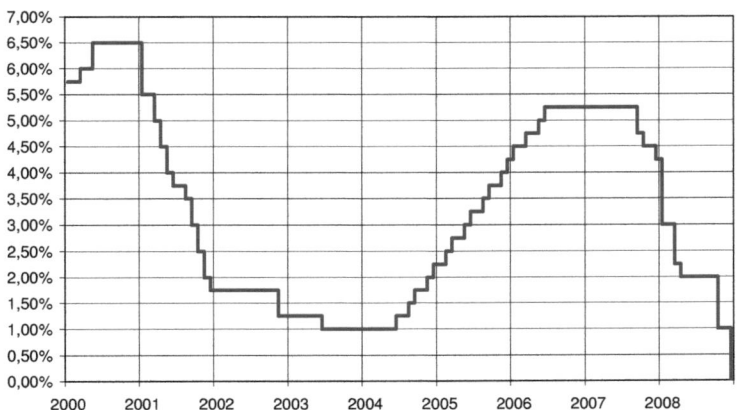

Diagramm 2: Federal Funds Rate – Leitzins der USA[6]

Der Leitzins bestimmt maßgeblich die Konditionen, zu denen Banken Geld verleihen. Um den Zinssatz für einen Kredit zu ermitteln, betrachtet der Kreditgeber grundsätzlich den aktuellen Leitzins und addiert zu diesem Prozentsatz eine Marge[7] hinzu. Diese Marge wird hauptsächlich durch die Bonität des Kunden bestimmt. Kunden mit schlechter Bonität bekommen im Allgemeinen nur einen Kredit mit höheren Zinsen, da die Bank auch ein

---

[6] Quelle: Federal Reserve Board: Intended Federal Funds Rate.
[7] Spanne zwischen Leitzins und Kreditzins
Die Marge bestimmt den Gewinn, den die Bank macht, wenn sie das Geld der Notenbank an einen Kreditnehmer weiter vergibt.

höheres Risiko eingeht. Bei einem sehr niedrigen Leitzins, welcher zwischen Dezember 2001 und November 2004 mit unter 2% gegeben war, erscheinen daher Kredite und Darlehen für den Kreditnehmer sehr günstig. So hatten 2001 noch 65% der Kreditnehmer einen Kredit mit Zinsen von 6 - 7,9%, Kredite mit weniger als 6% Zinsen waren mit einem Marktanteil von 2,7% kaum vertreten. Im deutlichen Gegensatz dazu stehen die üblichen Zinssätze, die man 2005 zahlen musste: Fast die Hälfte (49,3%) aller Kreditnehmer zahlte Zinsen von weniger als 6%. Der durchschnittliche Zinssatz sank von 7,5% (2001) auf 6% (2005).

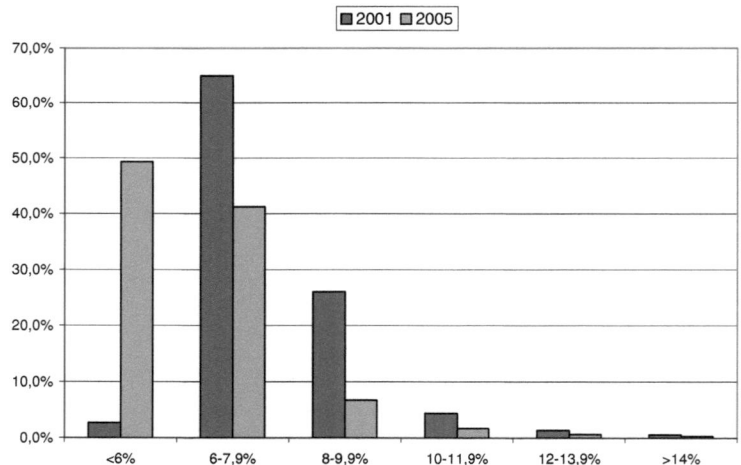

Diagramm 3: Aktuelle Zinssätze in den Jahren 2001 und 2005[8]

Vor allem einkommensschwache Haushalte können es sich zu diesem Zeitpunkt leisten, Schulden aufzunehmen und die fällige monatliche Tilgung zu finanzieren. Dadurch wurde es erst möglich, dass eine Vielzahl minderbegüterter Haushalte die Chance erhielt, ein Eigenheim zu erwerben.

Jedoch treten gerade bei solchen finanzschwachen Haushalten schon bei kleinsten Zinserhöhungen Finanzierungslücken auf. Der Betrag der

---

[8] Quelle: U.S. Census Bureau (Hrsg.): American Housing Survey for the United States: 2001 und 2005.

monatlichen Tilgung wird größer und es kommt im schlimmsten Fall zu einem Zahlungsausfall.

Dies verdeutlicht ein kleines Rechenbeispiel: Angenommen, man nimmt einen variabel verzinslichen Kredit mit 30jähriger Laufzeit über $ 200.000 auf und muss anfangs 4% Zinsen zahlen, so betragen die monatlichen Ratenzahlungen $ 954,83. Wird der Zinssatz dann nach ein oder zwei Jahren angepasst und dabei auf 6% erhöht, so belaufen sich die monatlichen Raten schon auf $ 1.199,10. Der Kreditnehmer muss also pro Monat etwa $ 244 mehr zahlen. In den USA gab es allerdings auch noch viel schwerwiegendere Zinserhöhungen von über 5%. Dies würde in unserem Beispiel bei einem Zinssatz von 9% eine monatliche Ratenzahlung von $ 1.609,25 – also $ 654 mehr als am Anfang – bedeuten. Hier wird schnell deutlich, dass finanzschwache Haushalte bei kleinen Zinsschwankungen schnell die Grenze der möglichen Zahlungsbelastung erreicht haben.

Da viele der Kredite von einkommensschwachen Kreditnehmern mit variablem Zinssatz vereinbart wurden und auch Darlehen sich über kurz oder lang wieder an den Leitzins anpassen, kommt es bei einer Zinserhöhung zu mehr Kreditausfällen und folglich zu einer steigenden Zahl an Zwangsversteigerungen. Genau diese Entwicklungen konnte man ab 2005 beobachten. Mit dem kontinuierlich steigenden Leitzins nimmt auch die Zahl der Zwangsversteigerung ab Mitte 2005 leicht zeitversetzt zu. Die Zeitversetzung folgt daraus, dass es bei einem Zahlungsrückstand nicht umgehend zur Einleitung der Zwangsversteigerung kommt.

Ende Juni 2006 erreicht der Leitzins den Höchststand bei 5,25%. Auf diesem Stand bleibt er auch über ein Jahr, bis man sich im September 2007 aufgrund der deutlich gewordenen Immobilienkrise wieder zu einer Herabsetzung entschließt.

## 4.3 Der Kredit- und Immobilienmarkt

In den USA gab es ab 2001 einen lang anhaltenden wirtschaftlichen Aufschwung. Es herrschte nach Ende der Internetkrise[9] ein Liquiditätsüberschuss auf dem Markt. Davon beflügelt, vergaben US-Banken immer leichtfertiger Darlehen an Kunden mit schlechter Bonität. Die Vorraussetzungen für Kreditwürdigkeit waren sehr gering: Eigenkapital und bestimmte Sicherheiten des Kreditnehmers sind kaum gefordert. Solche minderwertigen Kredite werden Subprimes oder auch zweitklassige Hypothekendarlehen genannt. Die Wahrscheinlichkeit eines Zahlungsausfalls ist bei diesen Krediten jedoch besonders hoch. Sie lag im 3. Quartal 2008 bei 20%, die von erstklassigen Krediten bei nur 4,3%[10]. Trotzdem ist der Marktanteil der Subprimes zwischen 2001 und 2006 von weniger als 5% auf rund 20%[11] gestiegen. US-Banken haben dieses erhöhte Risiko in Kauf genommen, weil die Immobilienpreise stark anstiegen und eine notwendige Zwangsversteigerung den Kredit decken konnte.

---

[9] Auch bezeichnet als Dotcom-Blase.

[10] Quelle: Mortgage Bankers Association (Hrsg.): National Delinquency Survey. Press Release vom 05.12.2008.

[11] Quelle: Balzli: Der kranke Gorilla. In: Der Spiegel 5/2008, S.25.

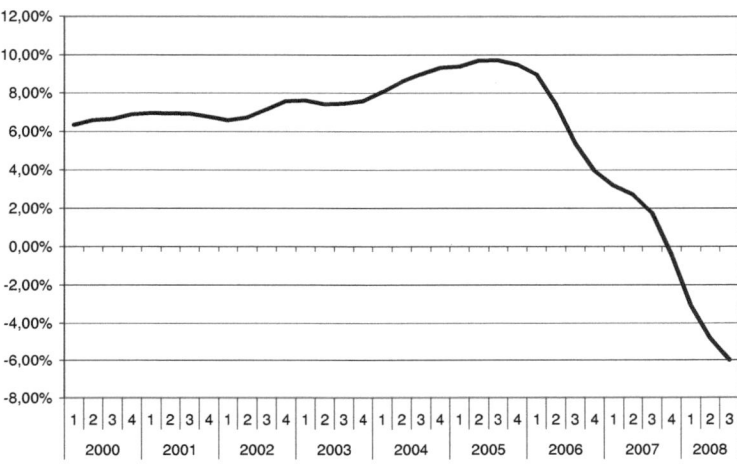

Diagramm 4: Preisentwicklung bei Immobilien 2000-2008[12]

Gemessen am House Price Index der OFHEO stieg der Immobilienpreis seit 1999 jährlich um ca. 6%. Zwischen 2003 und Anfang 2006 vergrößerte sich die Preissteigerung der Immobilien sogar auf jährlich bis zu knapp 10%. Das heißt für den Kreditgeber, dass die Immobilie zum Zeitpunkt einer möglichen Zwangsversteigerung deutlich mehr wert sein wird als der vergebene Kredit. Die Gläubiger konnten also aufgrund der steigenden Immobilienpreise die Zahl der steigenden Kreditausfälle kompensieren. Das ganze System funktioniert allerdings nur solange, wie der Zwangsverkaufswert über dem des Kredits liegt oder den Kredit zumindest ausreichend deckt.

Dies lässt sich an einem einfachen Rechenbeispiel zeigen: 2001 lag der Kaufpreis von Wohnhäusern in der Region West bei durchschnittlich $ 105 500[13]. Ausgehend von der durchschnittlichen Wertsteigerung dieser Art Immobilien in Kalifornien – einem der von der Immobilienkrise am schlimmsten getroffenen Staaten – lag der Wert des Hauses im ersten Quartal 2007 bei etwa $ 227 000. Der Wert der Immobilie hatte sich also mehr als verdoppelt. Von dieser Rechnung ausgehend, ist es für den

---

[12] Quelle: OFHEO (Hrsg.): 2Q 2008 House Price Index Report.
[13] Quelle: U.S. Census Bureau (Hrsg.): American Housing Survey for the United States: 2001, S. 147.

Kreditgeber fast sicher, dass bei einer möglichen Zwangsversteigerung der Kredit gedeckt werden kann, auch wenn bei einer Zwangsversteigerung normalerweise deutlich unter Wert verkauft wird. Allerdings stieg die Zahl der Zwangsversteigerungen ab Mitte 2005 stark an; parallel dazu nahm die Zahl der neu verkauften Häuser deutlich ab. /vgl. Seite 15, Diagramm 5/ Nach dem ersten Quartal 2007 sanken dann auch zum ersten Mal seit den 1930ern die Immobilienwerte in Kalifornien. Der Bundesstaat kämpfte im 3. Quartal 2008 mit etwa 21%[14] Wertverlust im Vergleich zum Vorjahr. Das bedeutet in unserem Rechenbeispiel, dass entsprechendes Haus nur noch etwa $ 171 000 wert ist. Dies scheint zwar immer noch ausreichend für eine Deckung der Hypothek zu sein, allerdings muss man dabei beachten, dass der Wert einer Immobilie oft deutlich höher ist, als der erreichbare Verkaufspreis[15] und dass oft ein höherer Kredit aufgenommen wurde, um notwendige Reparaturen und Umbauten zu finanzieren.

---

[14] Office of Federal Housing Enterprise Oversight (Hrsg): 3Q 2008 House Price Index Report. Seite 19.

[15] Laut U.S. Census Bureau (Hrsg.): American Housing Survey for the United States 2001, Seite 147, lag der durchschnittliche Wert eines Wohnhauses im Jahr 2001 bei $ 185 500, jedoch konnte nur ein durchschnittlicher Verkaufspreis von $ 105 500 erreicht werden.

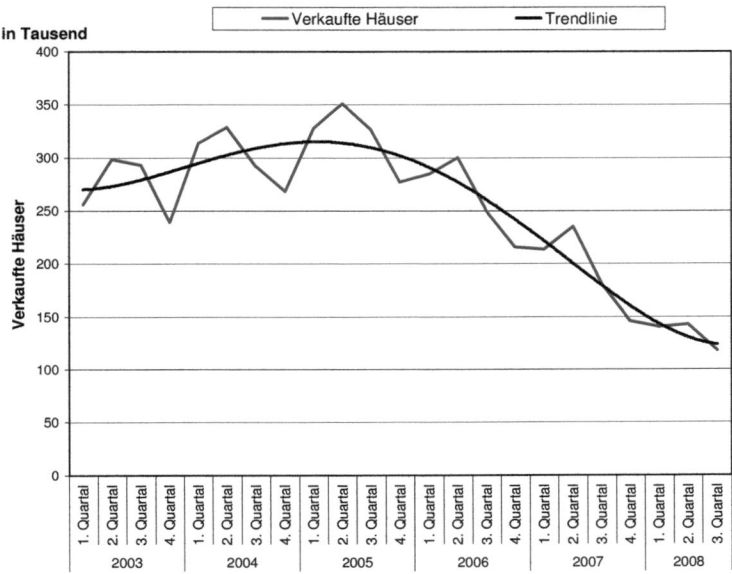

Diagramm 5: Verkaufte Häuser 2003-2008 (in Tausend) [16]

Bei den steigenden Zwangsversteigerungen und den sinkenden Verkaufszahlen kann man die Hauptursache in den steigenden Zinssätzen und dem abflauenden Wirtschaftsboom[17] sehen. Daher kam es zu einem Überangebot an Immobilien auf dem US-Markt und dementsprechend fiel auch der Wert für Immobilien. Plötzlich standen Gläubiger vor dem Problem, dass eine Zwangsversteigerung den Kredit nicht mehr decken konnte. Im Einzelfall kann der Kreditgeber einen solchen Verlust ausgleichen. Können aber unerwartet viele Kredite nicht mehr gedeckt werden, so kommt auch der Kreditgeber in finanzielle Schwierigkeiten.

---

[16] Quelle: U.S. Census Bureau (Hrsg.): New Residential Sales.

[17] Folgen einer abflauenden Wirtschaft sind höhere Arbeitslosigkeit und geringeres Einkommen. Die Bevölkerung hat dadurch durchschnittlich weniger Geld zur Verfügung.

## 4.4 Adjustable Rate Mortgages (ARM)

Bei Hypotheken mit flexiblem Zinssatz passt der Kreditgeber den Zinssatz in regelmäßigen Abständen an den Leitzins der Fed an. Vor allem einkommensschwache Familien hatten variabel verzinsliche Kredite und Darlehen aufgenommen, da sich der Kreditnehmer durch die Zahlungsmöglichkeit der ersten Rate für eine bestimmte Kredithöhe qualifiziert. Dabei werden jedoch zukünftige Zinssteigerungen nicht mitberücksichtigt. Der Kreditnehmer erhält dadurch einen Kredit, den er sich eigentlich nicht leisten kann.

Das ist auch bei den weit verbreiteten „2/28 subprime loans" - Krediten mit 30-jähriger Laufzeit - der Fall. Die ersten zwei Jahre muss der Kreditnehmer relativ geringe Raten zahlen. Erst ab dem dritten Jahr steigen die Raten jährlich an. Jedoch wird auch hier die Zahlungsmöglichkeit der ersten, geringsten Rate zur Berechnung des Kreditrahmens benutzt. Hat der Kreditnehmer also schon vor der Ratensteigerung das Zahlungsmaximum erreicht, so kommt es nun zu Zahlungsschwierigkeiten beziehungsweise -verzug.

Wenn zum Beispiel ein junges Paar für einen festverzinslichen Kredit zu $310 000 zugelassen ist, kann es durch einen variabel verzinslichen Kredit oder einen „2/28 subprime loan" deutlich mehr Geld bekommen.[18] Für unerfahrene Käufer erscheint dadurch ein variabel verzinslicher Kredit deutlich vorteilhafter: Sie können sich scheinbar ein teureres Haus leisten ohne höhere monatliche Raten leisten zu müssen. Mit späteren Zinssteigerungen wird zum Zeitpunkt des Immobilienkaufs jedoch nicht gerechnet.

Dieser Prozess der Verschuldung wird dadurch verschärft, dass einige Haushalte zusätzliche Hypotheken auf ihr Haus aufgenommen haben, um ihren Lebensstandard (Lifestyle) zu finanzieren. Man hat also weitere Baudarlehen aufgenommen, um alltägliche Konsumgüter, wie Haushaltsgeräte und Reisen, zu bezahlen. Dies schien vor allem wegen dem niedrigen Zinssatz und der leicht erreichbaren Kreditwürdigkeit

---

[18] Quelle: Wharton School (Hrsg.): The Subprime Blame Game: Where were the Realtors?

erstrebenswert. Hier wird auch wieder die scheinbar typische Mentalität der amerikanischen Durchschnittsfamilie deutlich: um einen gewissen Lebensstandart zu erreichen und auch zu halten, geht man freiwillig den Weg in die Verschuldung.

## 4.5 Forderungsbesicherte Wertpapiere

Als Folge der Internetkrise 2001 herrschte auf dem Markt eine hohe Liquidität. Investoren, wie Hedgefonds, Versicherer und Investmentbanken, suchten nach neuen Anlagemöglichkeiten. Durch diese Nachfrage beflügelt, entwarfen Kreditinstitute immerneue Finanzprodukte; Forderungsbesicherte Wertpapiere[19], wie Collateralized Debt Obligations (CDOs), Asset Backed Securities und Mortgage Backed Securities (MBS) sind weit verbreitet. Banken und andere Finanzierer – Originatoren – können diese Nachfrage bedienen, indem sie Hypotheken und andere Kredite zu großen Paketen zusammenfassen und in handelbare Wertpapiere umwandeln. Dabei werden die Forderungen[20] an Dritte – Investoren – verkauft. Diesen Vorgang nennt man Verbriefung der Kredite. Diese ABS wurden häufig noch weiter verpackt und mehrfach verkauft. Dadurch wurde das ganze Finanzsystem extrem undurchsichtig. Trotzdem wurde die Verbriefung von Kreditforderungen als *„die [wahrscheinlich] wichtigste Finanzinnovation der vergangenen Jahre"* (Schürmann, Welp: Elitärer Zirkel. S. 48) gefeiert, da sich die Finanzprodukte zu einem wichtigen Katalysator des lang anhaltenden Wirtschaftsboom in den USA entwickelten.

---

[19] Der englische Überbegriff lautet ebenfalls Asset Backed Securities (ABS).
[20] Geld, auf das der Kreditgeber Anspruch hat und das der Kreditnehmer ebendiesem zurückzahlen muss

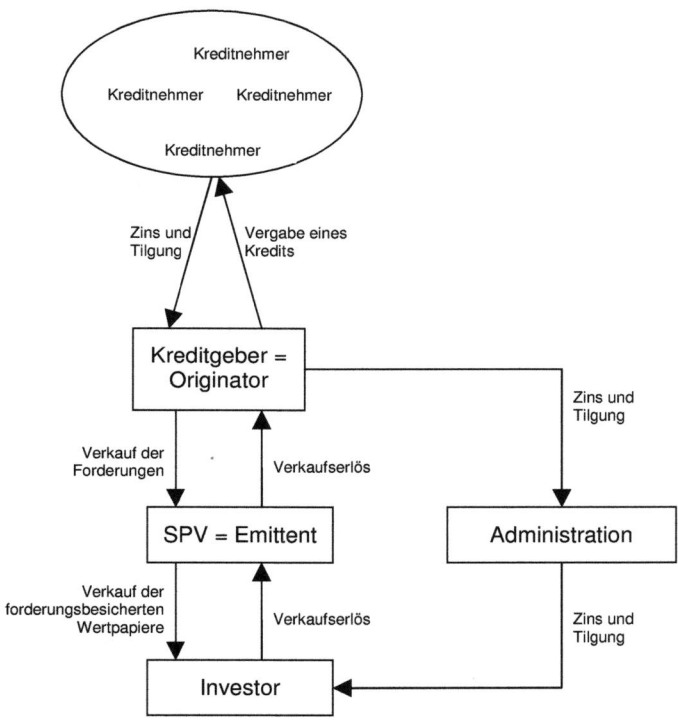

Diagramm 6: System der Kreditverbriefung[21]

Das ganze läuft folgendermaßen ab: Die Bank gibt einen Kredit an einen Kreditnehmer. Dieser muss nun in regelmäßigen Abständen Zinsen bezahlen und den Kredit tilgen. Die Bank bündelt nun unterschiedliche Kredite zu Paketen und gliedert sie in eine Zweckgesellschaft[22], auch Special Purpose Vehicle (SPV) genannt, aus. Diese Zweckgesellschaft erhält nun die Kreditforderungen der Bank. Im Gegenzug bekommt die Bank den Verkaufserlös der Forderungen und gibt gleichzeitig das Risiko an die Zweckgesellschaft weiter. Dadurch ist der Prozess der Verbriefung initiiert. Die Zweckgesellschaft restrukturiert nun die Forderungen und

---

[21] Quelle: Eigene Darstellung in Anlehnung an Rudolph, Scholz: Pooling und Tranching im Rahmen von ABS-Transaktionen. Seite 2.

[22] Eine Zweckgesellschaft wird vom Originator selbst oder von Dritten gegründet. Sie ist unabhängig und beschränkt sich auf den Ankauf von Vermögenswerten und deren Finanzierung durch den Verkauf von ABS.

verkauft diese in forderungsbesicherten Wertpapieren an Investoren weiter. Dabei werden Kredite mit hoher Ausfallrate und Kredite mit guter Bonität gemischt. Die Investoren erhalten nun die Zinszahlungen und Tilgungen der Kreditnehmer. Aufgrund der großen Komplexität der ABS können Investoren das Risiko der gekauften Papiere schlecht einschätzen. Rating Agenturen bewerten daher die Pakete. /Anlage 2/ Das Rating der ABS ist allerdings aufgrund fehlender historischer Daten und daher unbekannten größeren Ausfällen sehr schwierig. Dadurch erhalten viele Produkte die höchste Bonitätsnote, ein AAA-Rating. Bei einem schlechten Rating werden die Obligationen weiter in CDOs verpackt. Die gebündelten Kredite in einem CDO werden wiederum in Tranchen unterteilt und jede erhält ein Rating. In einem CDO werden alle Zahlungen der Kreditnehmer gesammelt, dann werden die Tranchen der Reihe nach bedient. Dabei werden die Forderungen der höchstbewerteten Tranche zuerst, die mit dem schlechtesten Rating zuletzt, bedient. Dieses Verfahren nennt sich Wasserfall- oder Subordinationsprinzip.

Das CDO besteht aus 3 Hauptteilen: der Senior Tranche, der Mezzanine Tranche und der Equity Tranche. Die Equity Tranche soll weitestgehend alle zu erwartende Verluste tragen. Sie wird von dem Originator einbehalten, um zu signalisieren, dass auch der Herausgeber des CDO Verluste mitträgt. Es ist allerdings sehr wahrscheinlich, dass die Equity Tranche keine Liquidität abwirft. Die Mezzanine Tranche beinhaltet bessere Ratings. Sie bildet einen weiteren Puffer für die Senior Tranche, ist aber trotzdem attraktiv für erfahrene Anleger, wie Hedgefonds oder Banken, weil sie aufgrund des höheren Risikos auch eine höhere Rendite abwirft. Die Senior Tranche ist am sichersten und ideal für uninformierte Anleger. Das Ausfallrisiko ist am geringsten. Deshalb kann man auch ein Spitzenrating vergeben, da es unwahrscheinlich scheint, dass ein großer Teil der Kredite in einem CDO ausfallen werden und die oberste Tranche nicht mehr bedient werden kann.

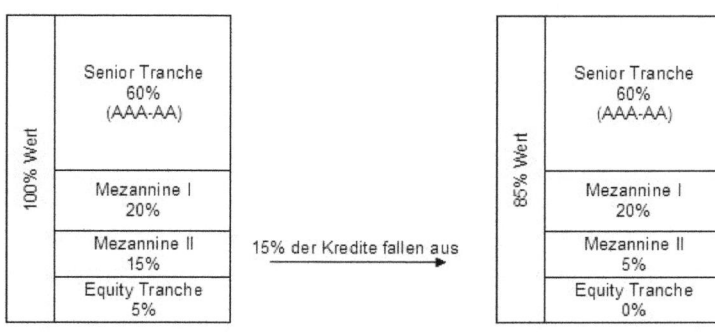

Diagramm 7: Auswirkung von Kreditausfällen auf unterschiedliche Tranchen[23]

Je nachdem wie hoch die einzelnen Kreditrisiken sind, haben die Tranchen einen unterschiedlich großen Anteil am CDO. Sind in einem CDO Kredite mit relativ geringem Risiko verpackt, so ist die Tranche mit AAA-Rating groß, sind jedoch fast ausschließlich Kredite mit sehr hohem Ausfallrisiko in dem CDO verpackt, so ist die Tranche mit AAA-Rating sehr klein. Der Originator ist bestrebt, eine möglichst große Senior Tranche zu entwickeln. Deshalb wird oftmals der Eigenkapitalanteil, also die Equity Tranche, bei schlechten Ratings vergrößert.

Über einen langen Zeitraum schien dieses System sehr vorteilhaft für Originatoren und Investoren. Banken konnten Kreditrisiken weitergeben und erhielten gleichzeitig Liquidität, um weitere Kredite zu vergeben. Allerdings sah der Originator durch die Weitergabe des Risikos keinen Grund mehr, die Bonität der Schuldner genau zu überprüfen. Für die Bank spielt das Risiko eines Zahlungsausfalls in dem Fall kaum noch eine Rolle. Aus Sicht der Investoren war das Handeln mit diesen forderungsbesicherten Wertpapieren sehr lukrativ. Die Rendite war im Vergleich zu gleich bewerteten, herkömmlichen Papieren, wie etwa Staatsanleihen, deutlich höher. An dem Punkt hätten die Investoren stutzig werden müssen. In der Regel steigt die Rendite mit dem Risiko. Das Rating der ABS beziehungsweise CDOs hätte kritischer betrachtet

---

[23] Quelle: Eigene Darstellung in Anlehnung an Jauch: Verbriefung von Kreditrisiken und das Bankensystem. Seite 11.

werden müssen. Außerdem „[...] musste klar sein: Wenn aus schwachen Schuldnerdarlehen plötzlich bestbewertete Papiere werden, gleicht das mehr Zauberei denn ernsthafter Analyse." (Schürman, Welp: Elitärer Zirkel. Seite 49) Trotzdem wuchs der Markt für CDOs innerhalb von 10 Jahren (1996 bis 2006) um unglaubliche 7700%[24]. Mittlerweile gibt es allerdings praktisch keinen Markt mehr für CDOs. Der Kursverlust der Papiere wurde ausgelöst durch die ersten großen Kreditausfälle. Plötzlich wollte kein Investor mehr die risikoreichen Papiere kaufen. Außerdem wird durch neue Ratings der CDOs deutlich, wie risikoreich die Anlagen eigentlich waren.

Doch warum kam es dazu? Die Kredite, die in den CDOs verpackt wurden, sind hauptsächlich Subprimes. Das Kreditrisiko ist hier besonders hoch. Ab Mitte 2005 nahmen die Zahlungsausfälle im Subprime-Sektor enorm zu. /siehe Seite 24, Diagramm 8 und Seite 27, Diagramm 10/ Dadurch konnten zunehmend auch Tranchen mit hohem Rating nicht mehr bedient werden. Die Investoren erhielten somit weder Rendite noch ihre Investitionen zurück. Dadurch kommt es zu größeren Einnahmeausfällen, die zu Abschreibungen von Gewinnen und - im schlimmsten Fall - zu Insolvenz geführt haben.

---

[24] 1996 hatte der Markt für CDOs einen Wert von 5 Milliarden US-Dollar, 2006 einen Gegenwert von 388 Milliarden US-Dollar.
Quelle: Balzli: Der kranke Gorilla. In: Der Spiegel 5/2008, Seite 25.

## 5 Die Krise macht sich bemerkbar

Die Immobilienkrise machte sich ab dem Sommer 2007 bemerkbar in der Öffentlichkeit. Jedoch gab es schon vorher deutliche Anzeichen für die kommenden Ereignisse. Die steigende Zahl der Zwangsversteigerungen, fallende Immobilienpreise und Immobilienverkäufe waren nur Vorboten und zugleich Ursache für die Finanzkrise, die sich auf die gesamte Weltwirtschaft ausweiten würde.

### 5.1 Zahlungsrückstände und Zwangsversteigerungen

Mit wachsendem Leitzins können mehr und mehr Kreditnehmer mit variablem Zinssatz ihre Raten nicht mehr pünktlich bezahlen, da auch ihre Zinsen - angepasst an den Leitzins - steigen. Dadurch kommt es ab 2005 zu einem Anstieg der Zahlungsrückstände, vor allem im Subprime-Sektor. Der Anteil an rückständigen Krediten ist im Subprime-Sektor von Haus aus größer. Das liegt an der Tatsache, dass diese Kredite an Kunden mit schlechter Bonität vergeben wurden und man dort von vornherein mit höheren Ausfallquoten rechnen muss. So liegt die Quote der Zahlungsrückstände Anfang 2006 im Subprime-Sektor bei 11,50%, insgesamt jedoch bei nur 4,41%. 2 Jahre später, im 3. Quartal 2008, ist der Unterschied noch deutlicher, da bis dahin die Ausfallquote im Subprime-Sektor auf 20,03%, insgesamt jedoch nur auf 6,99%[25] gestiegen ist. Dabei ist offensichtlich, dass sich ein steigender Leitzins stärker auf den Subprime-Sektor auswirkt, weil sich diese Kreditnehmer selten deutlich höhere Ratenzahlungen leisten können.

Ab dem 1. Quartal 2005 – der Leitzins ist bis dahin schon auf 2,75% angehoben wurden – nehmen die Zahlungsrückstände im Subprime-Sektor stetig zu. Trotz dessen, dass der Leitzins Ende Juni 2006 seinen Höchststand von 5,25% erreicht, steigt der Anteil an Krediten im Zahlungsrückstand weiter an. Auch Zinssenkungen ab dem 3. Quartal 2007 können dem Aufwärtstrend nicht entgegenwirken. Der allgemeine

---

[25] Quelle: Mortgage Bankers Association (Hrsg.): National Delinquency Survey. Press Release vom 19.06.2006 und vom 05.12.2008.

Trend ist sowohl im Prime- als auch im Subprime-Sektor zu erkennen. Allerdings entspannte sich die Lage kurz im 2. Quartal 2008, als die Quote der zahlungsrückständigen Subprime-Kredite leicht zurückging. Dies konnte auch schon in den Jahren 2004 – 2006 beobachtet werden und könnte eine langsame Beruhigung der Kreditmärkte bedeuten. Genaueres kann man aber natürlich erst wissen, wenn die Zahlen für die nächsten zwei bis drei Quartale veröffentlich werden.

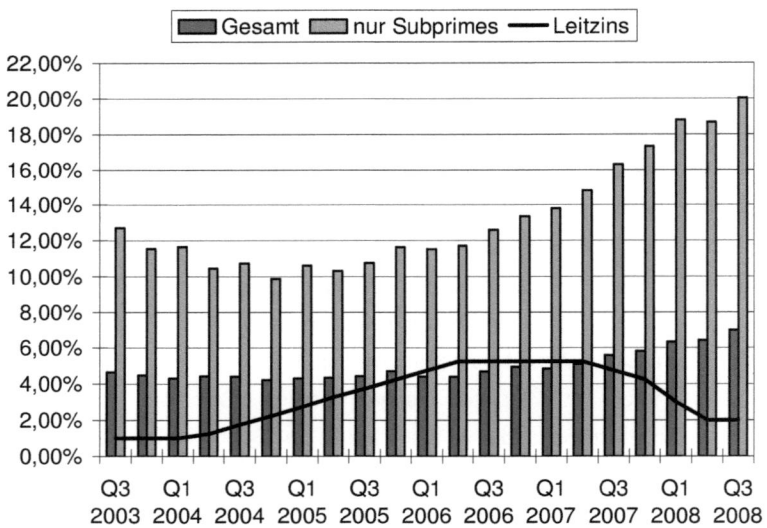

Diagramm 8: Zahlungsrückstand (in %) und Leitzins[26]

Eine Senkung der Leitzinsen kann auch nur bedingt die Ausfallquoten reduzieren, da bonitätsschwache Kreditnehmer Kredite mit jährlich steigendem Zinssatz aufnahmen. Die verbreiteten „2/28 subprime loans"[27], die langsam in die Phase der jährlichen Zinssteigerungen kommen, fallen nun vermehrt aus. Nach 2 Jahren mit geringem Zinssatz werden die fälligen Ratenzahlungen größer und bei finanzschwachen Haushalten treten die ersten Finanzierungslücken auf. Auch das ist eine Ursache für

---

[26] Quelle: Mortgage Bankers Association (Hrsg.): National Delinquency Survey. Press Releases für das 3. Quartal 2003 bis zum 2. Quartal 2008.

[27] siehe Seite 16: Adjustable Rate Mortgages

das anhaltende Wachstum der Zahlungsrückstände, welche vielleicht auch in den noch kommenden Monaten weiter ansteigen werden.

Ungefähr ein Jahr nachdem die Ausfallquoten zu steigen beginnen, nehmen auch die Zwangsversteigerungen zu. Bis es jedoch zu einer Zwangsversteigerung kommt, gehen oft mehrere Monate mit regelmäßigen Ratenausfällen ins Land. Der Kreditgeber versucht in diesem Zeitraum, den Kredit für ihn am günstigsten abzuwickeln. Erst wenn klar wird, dass eine Zwangsversteigerung die einzige Möglichkeit ist, um zumindest einen Teil des Kredites zu decken, wird der Prozess der Zwangsversteigerung eingeleitet.

Dabei variiert der Ablauf des Zwangsversteigerungsprozesses in den einzelnen Staaten. Die Zeitspanne, bis die erste Mahnung, *Notice of Default* genannt, beim rückständigen Kreditnehmer eintrifft, beläuft sich je nach Bundesstaat zwischen einem und drei Monaten. Vorher wurden schon Verspätungskosten angerechnet und die Bank hat sich im Idealfall mit ihrem Schuldner über die Wiederaufnahme der Rückzahlungen auseinandergesetzt. Der Prozess wird nun offiziell beim *County Recorder's Office* als *Lis Pendens*[28] registriert. Wenn in den folgenden drei Monaten der Rückstand durch den Kreditnehmer nicht ausgeglichen werden kann, so bekommt er ein *Notice of Sale*. Datum und Zeit der Zwangsversteigerung werden dann in den lokalen Zeitungen veröffentlicht. An der Auktion kann in der Regel jeder teilnehmen. Der Kreditgeber, die Bank, setzt ein Anfangsgebot, das den ausstehenden Kredit und alle Gebühren decken kann. Häufig wird zur Erstversteigerung kein höheres Gebot abgegeben, da die Hypothek meist größer ist als der Wert der Immobilie. Dadurch geht die Immobilie nun in den Besitz der betreffenden Bank über und wird als *Real Estate Owned* (REO) bezeichnet. Sie bringt das Haus nun für einen geringeren Preis auf den Markt, in der Hoffnung, es doch noch zu verkaufen.

---

[28] deutsch: rechtshängiger Prozess

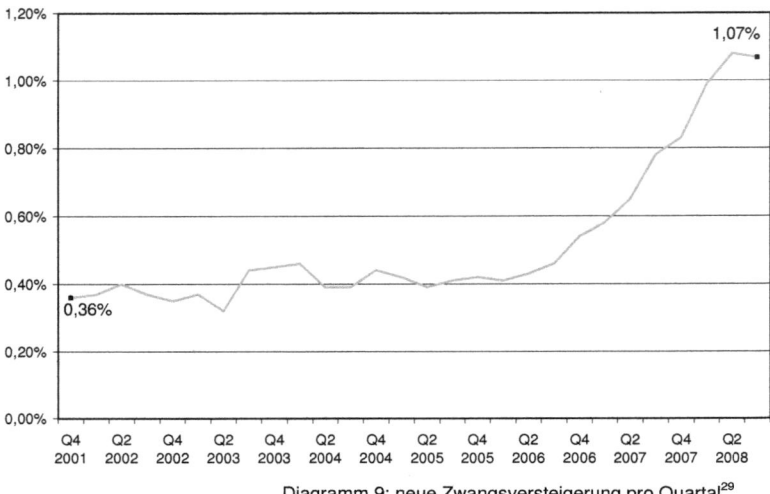

Diagramm 9: neue Zwangsversteigerung pro Quartal[29]

Während neue Kredite im Prozess der Zwangsversteigerung bis zum 2. Quartal 2006 um die 0,4% aller Kredite ausmachten, kommt es danach zu einem Anstieg der neu eingeleiteten Zwangsversteigerungen bis auf 1,08% im zweiten Quartal 2008. Danach kommt es zu einem ganz leichten Abfall. Auch dies könnte, ähnlich wie die Zahlungsrückstände, auf eine langsame Beruhigung der Kreditmärkte hindeuten. Allerdings ist zu bedenken, dass einige Bundesstaaten Gesetze erließen, die die Zwangsversteigerung zeitlich weiter hinauszögern, um Kreditnehmern mehr Chancen zur Rückzahlung zu gewähren und um den Verfall der Immobilienpreise etwas zu dämpfen. Dies führt aber wohl eher zu einer Verzögerung als einem Vermeiden der Zwangsversteigerungen.

Ähnlich wie bei den Zahlungsausfällen stellen zweitklassige Hypothekendarlehen den deutlich größeren Anteil an Zwangsversteigerungen dar /siehe Seite 27, Diagramm 10/, da es in diesem Bereich auch zu den meisten Zahlungsausfällen kommt.

---

[29] Quelle: Mortgage Bankers Association (Hrsg.): National Delinquency Survey. Press Releases für das 4. Quartal 2001 bis zum 3. Quartal 2008.

Während im 2. Quartal 2008 immerhin 1,58%[30] der Kredite aus dem Prime-Sektor im Prozess der Zwangsversteigerung waren, so waren laut des *National Delinquency Survey* der Mortgage Bankers Association 12,55% der Subprime-Kredite im Prozess der Zwangsversteigerung. Das bedeutet, dass etwa jeder 8. Kreditnehmer mit schlechter Bonität sein Eigenheim verliert. Die Kreditgeber und deren Investoren müssen also jede 8. Hypothek schon nach wenigen Jahren abschreiben, denn derzeit sind die Möglichkeiten eines Verkaufs mit Deckung des ausstehenden Kredits eher begrenzt.

Trotzdem scheint auch hier langsam die Spitze des Berges erreicht, denn es kann eine Abschwächung in der Zunahme der Zwangsversteigerungen pro Quartal beobachtet werden. Dies kann natürlich ebenfalls nur mit der gesetzlichen Verzögerung der Zwangsversteigerung zusammenhängen.

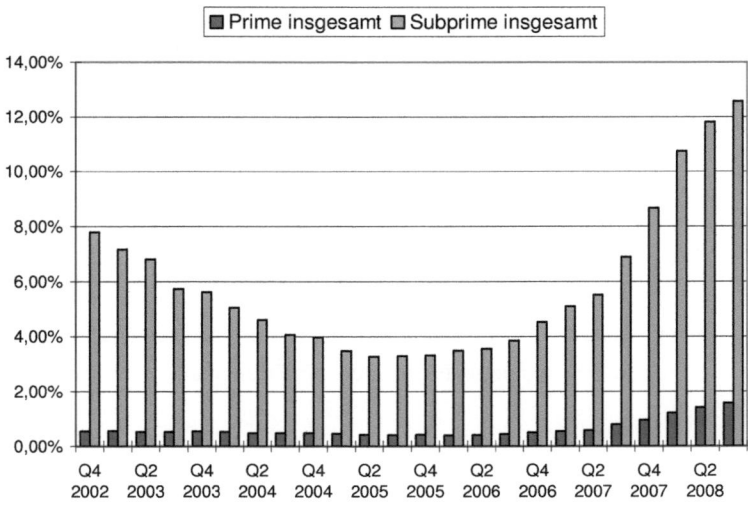

Diagramm 10: Zwangsversteigerungen in Abhängigkeit vom Kredittyp[31]

---

[30] Der Anteil schwankte bis Ende 2006 im Bereich zwischen 0,4-0,5%. Das bedeutet, dass sich die Zahl der Zwangsversteigerungen im Prime-Sektor innerhalb zweier Jahre verdreifacht hat.

[31] Quelle: Morgage Bankers Association (Hrsg.): National Delinquency Survey. Press Releases für das 4. Quartal 2002 bis zum 3. Quartal 2008.

Im prozentualen Vergleich von Zwangsversteigerungen im Prime- und Subprime-Sektor fällt auf, dass es scheinbar achtmal so viele Subprime-Kredite wie Prime-Kredite im Prozess der Zwangsversteigerung gibt. Allerdings gibt es viel weniger Subprime-Kredite, wie in Diagramm 11 zu sehen ist: 80% aller Kredite sind im Prime-Sektor zu finden. Jedoch steht dem gegenüber, dass diese nur 38% der Zwangsversteigerungen ausmachen. Dagegen sind nur 13% aller Kredite zweitklassige Darlehen, dennoch bilden sie die deutliche Mehrheit mit 54% bei den Hypotheken auf zwangsversteigerte Immobilien.[32]

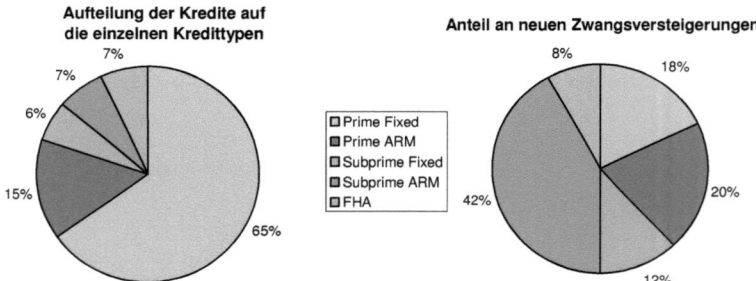

Diagramm 11: Aufteilung der Kredite auf die einzelnen Kredittypen 4. Quartal 2007[33]
Diagramm 12 Anteil der Kredittypen an neuen Zwangsversteigerungen 4. Quartal 2007[33]

Dieser Vergleich zeigt ebenfalls, dass die Bezeichnung „Subprime-Krise" durchaus seine Berechtigung hat, denn es ist hauptsächlich der immer noch relativ kleine Subprime-Sektor, der für die hohe Zahl der Kreditausfälle und deren Folgen auf dem Finanzmarkt verantwortlich ist.

---

[32] FHA loans werden von der Federal Housing Administration (FHA) an Erstkäufer und finanzschwache Haushalte ausgegeben. Sie haben mit 7% beziehungsweise 8% in beiden Diagrammen ungefähr den gleichen Anteil.

[33] Quelle: Mortgage Bankers Association (Hrsg.): National Delinquency Survey. Press Release vom 06.03.2008

## 5.2 Abschreibungen, Aktienkurse und Insolvenz

Durch verstärkte Einnahmeausfälle infolge fehlender Zins- und Tilgungszahlungen aus dem Kreditmarkt sowie den hohen Kursverlusten der CDOs gerieten Investoren und Banken zunehmend in finanzielle Schwierigkeiten. Erwartete Gewinne können nicht erfüllt werden, da die Einnahmequellen versiegen und man ebenfalls Verluste im Wertpapierbereich verbuchen muss. Diesen Verlust nennt man Abschreibung. Unter einer Abschreibung versteht man das Vermögen eines Unternehmens, welches über einen bestimmten Zeitraum an Wert verliert und als Verlust verbucht werden muss. Abschreibungen entstehen infolge von Wertverlusten eines materiellen Gegenstandes durch Verschleiß, Alterung oder Preisverfall – also im Fall eines Investors in Wertpapiere: infolge von Kursverlusten der Wertpapiere – aber eben auch durch nicht bediente Forderungen durch den Schuldner. Dabei kommt es zum Ausfall liquider Mittel, was im schlimmsten Fall zu einer Insolvenz führen kann, da auch der Investor seine Schulden nicht mehr decken kann. Der Investor ist in diesem Fall dauerhaft zahlungsunfähig.

Im Zuge der Immobilienkrise gab es ab dem 3. Quartal 2007 regelmäßige Bekanntmachungen der Banken über immer neue Abschreibungen. So musste Amerikas größte Bank Citigroup 24,6 Mrd. US-Dollar im 3. und 4. Quartal 2007[34] aufgrund der Subprime-Krise abschreiben. Dadurch fällt die Bilanz der Bank das erste Mal negativ mit einem Verlust von 9,83 Mrd. Dollar aus. Ähnlich erging es auch den Investmentbanken Bear Stearns und Merrill Lynch. Durch Pleiten von Hedgefonds (Bear Stearns) und ebenfalls hohen Abschreibungen bei Merrill Lynch (im 3. und 4. Quartal insgesamt 23,6 Mrd. Dollar[34]) gerieten auch diese Banken in Schieflage. An den Aktienkursen kann man gut die Verlustentwicklung der Banken erkennen. /siehe Diagramm 13 und Diagramm 14, Seite 30 und Anlage 3, Seite 59/

---

[34] Quelle: Balzli: Der kranke Gorilla. In: Der Spiegel 5/2008, Seite 20.

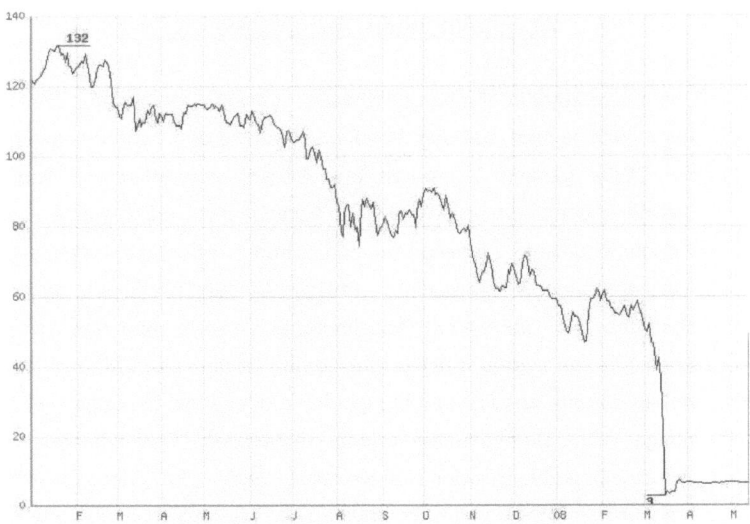

Diagramm 13: Aktienkurs Bear Stearns vom 01.01.2007 – 14.05.2008[35]

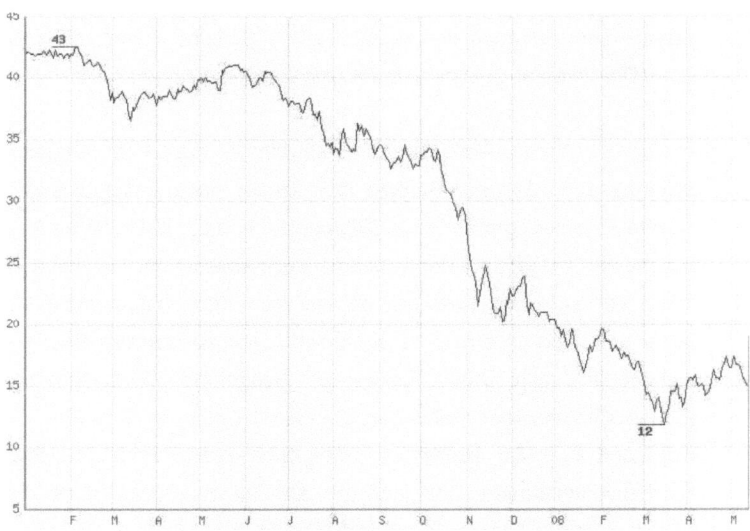

Diagramm 14: Aktienkurs Citigroup vom 01.01.2007 – 14.05.2008[36]

---

[35] Quelle: Finanzen.net (Hrsg.): Aktienkurs Bear Stearns.
[36] Quelle: Finanzen.net (Hrsg.): Aktienkurs Citigroup.

Bis zum 12.03.2008 verringerten sich der Wert der Aktien von Citigroup und Bear Stearns um rund 60% im Vergleich zum 01.01.2007. Die Bear Stearns-Aktie verlor jedoch weiter erheblich an Wert, nachdem Liquiditätsprobleme und ein Übernahmeangebot von JPMorgan Chase bekannt wurden. Seit Anfang 2007 hat die Aktie bis zum Mai 2008 etwa 95% ihres Wertes verloren. Während sie zum Jahresanfang 2007 noch mit 122,30€ gehandelt wurde, war sie am 14.05.2008 gerade mal noch 6,66€ Wert.

Während große Banken meist vor einer Insolvenz gerettet werden[37] um das Finanzsystem stabil zu halten, können andere Investoren, wie Hedgefonds oder Real Estate Investment Trusts (REITs), in die Zahlungsunfähigkeit geraten. Dies geschah zum Beispiel im April 2007 mit dem zweitgrößten REIT in den USA: New Century Financial. Als einer der ersten Hypothekenfinanzierer musste er am 02. April 2007 Insolvenz anmelden. Als Grund nannte man die Fehlinvestitionen in den Subprime-Markt.

Auch Bear Stearns spürte die Krise als einer der ersten. Im Juni 2007 gerieten 2 Hedgefonds, der *High Grade Structured Credit Strategies Enhanced Leverage Fund* und der *High Grade Structured Credit Strategies Fund* in finanzielle Probleme. Beide Fonds hatten mit einem Großteil der verfügbaren Gelder[38] – von unterschiedlichen Großbanken stammend – mit Wertpapieren aus dem Immobilienmarkt spekuliert. Aufgrund der Zahlungsausfälle der amerikanischen Subprime-Kunden, wurden die Investoren zuletzt jedoch sehr unruhig und zogen Kapital aus den Fonds zurück. Dadurch musste Bear Stearns seinen *High Grade Structured Credit Strategies Fund* mit 1,6 Mrd. Dollar finanziell vor der Zahlungsunfähigkeit bewahren. Doch auch die Liquidierung weiterer Finanzpositionen half nichts. Am 17.07.2007 informierte Bear Stearns die

---

[37] etwa durch die Notenbank oder durch andere Banken.

Bear Stearns zum Beispiel wurde im März 2008 durch die Fed und den Konkurrenten JPMorgan mit einer dringend benötigten Finanzspritze vor einem Liquiditätsengpass bewahrt, nachdem viele Kunden aufgrund von negativen Gerüchten Geld abgezogen hatten.

[38] Etwa 20 Mrd. US-Dollar

Investoren über einen Wertverlust von über 90% beim *High Grade Structured Credit Strategies Fund* und der fast vollständigen Wertauflösungen des *High Grade Structured Credit Strategies Enhanced Leverage Fund*. Damit wurden 1,48 Mrd. Dollar[39] gestrichen, von beiden Fonds aufgenommenes und vernichtetes Fremdkapital soll sogar eine Höhe von umgerechnet rund 15 Mrd. €[40] gehabt haben. Am 31.07.2007 wurden beiden Fonds als insolvent gemeldet.

Bear Stearns und New Century Financial stehen beispielhaft für die unzähligen zahlungsunfähigen Hedgefonds, REITs und finanziell belasteten Investment-Banken, Versicherer und anderen Investoren im US-Subprime-Sektor.

---

[39] Quelle: n-tv.de (Hrsg.): Bear Stearns gibt auf.
[40] Quelle: Jäger: Nichts als ein Brief.

# 6 Lösungsversuche

Von unterschiedlichen Positionen aus arbeitet man seit dem Sommer 2007 an Lösungsversuchen für die Krise. Dabei werden mit den unterschiedlichen, zur Verfügung stehenden Mitteln auch unterschiedliche Ziele verfolgt, unter anderem:
(1) Stabilisierung des Finanzmarktes
(2) Abwenden einer drohenden Rezession
(3) Minimierung der Inflation
(4) Minimierung der Kredit-Totalausfälle (Zwangsversteigerungen)

## 6.1 Die Fed

*"The Federal Reserve System is the central bank of the United States. It was founded by Congress in 1913 to provide the nation with a safer, more flexible, and more stable monetary and financial system. Over the years, its role in banking and the economy has expanded."*[41]

Als Zentralbank hat die Fed das Ziel, Preisstabilität, hohe Beschäftigungszahlen und langfristig moderate Zinssätze zu garantieren. Um diese Ziele umzusetzen stehen verschiedene Hilfsmittel zur Verfügung. Das bekannteste ist wahrscheinlich der Leitzins: federal funds rate. Dieser Leitzins gibt die Konditionen, zu denen sich Banken Geld von der Fed leihen können, an. Die federal funds rate wird, wenn nötig, an sich verändernde ökonomische Bedingungen angepasst, um auch weiterhin die Ziele optimal verfolgen zu können. Mit einer Veränderung des Leitzinses werden auch andere Zinssätze, Aktienkurse und der Umtauschkurs des Dollars beeinflusst. Diese Veränderungen beeinflussen

---

[41] etwa: „Die Fed ist die Zentralbank der Vereinigten Staaten. Sie wurde 1913 vom Kongress gegründet, um der Nation ein sichereres, flexibleres und stabileres Währungs- und Finanzsystem zu verschaffen. Mit der Zeit haben sich ihre Aufgaben im Bankwesen und in der Wirtschaft ausgeweitet."
Quelle: Board of Governors of the Federal Reserve System: The Federal Reserve System. Purposes and Functions. Seite 1.

wiederum die Verbraucherausgaben sowie den Im- und Export und damit das Wirtschaftswachstum der USA. Hier wird deutlich, dass die Anpassung des Leitzinses weit reichende Konsequenzen für Konsumenten und Unternehmen hat.

Wenn der Leitzins - wie in den USA zwischen 2002 und 2004 - sehr niedrig ist, kann man Geld billig leihen. Dadurch werden Investitionen und Konsum gefördert und die Wirtschaft in Schwung gehalten. Gleichzeitig wird der Dollar auch schwächer im Vergleich zu anderen Währungen mit höherem Leitzins, da es weniger erstrebenswert scheint, Geld in Dollar anzulegen. Das hat wiederum zur Folge, dass der Export von Waren gefördert wird, der Import jedoch durch teuer wirkende ausländische Produkte gehemmt wird. Das hat ebenfalls einen positiven Effekt auf die einheimische Wirtschaft. Diesen Vorteilen für die Wirtschaft steht gegenüber, dass mit zunehmendem Boom auch die Preise steigen und somit die Inflation vorangetrieben wird. Um dem entgegenzuwirken hebt die Fed den Leitzins an. Ziel ist es, den Mittelweg zu finden. Weder ein zu hoher noch ein zu niedriger Leitzins ist förderlich für die Volkswirtschaft. Dieser Zusammenhang zwischen Inflation und Leitzins wird sehr deutlich auf Seite 35 in Diagramm 15 und Diagramm 16. Bis zum August 2007 – der Leitzins liegt bei 5,25% – war die Inflation in den USA auf einem gesunden Level von etwas mehr als 2%. Jedoch senkte die Fed innerhalb kürzester Zeit den Leitzins dramatisch ab. Sie wollte damit die Folgen der Zinserhöhung ein Jahr zuvor und der damit verbundenen Immobilienkrise ausgleichen sowie den Konsum und neue Investitionen fördern. Jedoch stieg damit auch die Inflation auf relative hohe 4%. Zwischen Juni und September 2008 lag die Inflation sogar bei über 5%, was üblicherweise schon als schwere Inflation bezeichnet wird. Bei einer solch hohen Inflationsrate verliert das Geld als Tauschmittel seine Funktion als Wertaufbewahrung, wovon besonders Privathaushalte betroffen sind.

Es ist anzunehmen, dass die Inflation in diesem Zeitraum zusätzlich anstieg, weil die Fed - durch zahlreiche Rettungspakete für illiquide Banken - die umlaufende Geldmenge erhöhte, jedoch nicht den Gegenwert in materiellen Gütern, wie etwa den Goldreserven. Trotz weiterer Zinssenkungen im Oktober fiel die Inflationsrate wieder auf bis zu

1% im November ab. Das kann zum einen die sinkenden Energiepreise (Ölpreis) als Ursache haben, liegt aber sicherlich auch am bedeutenden Rückgang des Konsums, wodurch durch sinkende Nachfrage die Preise fielen. Es deutet sich nun also eine Deflation an.

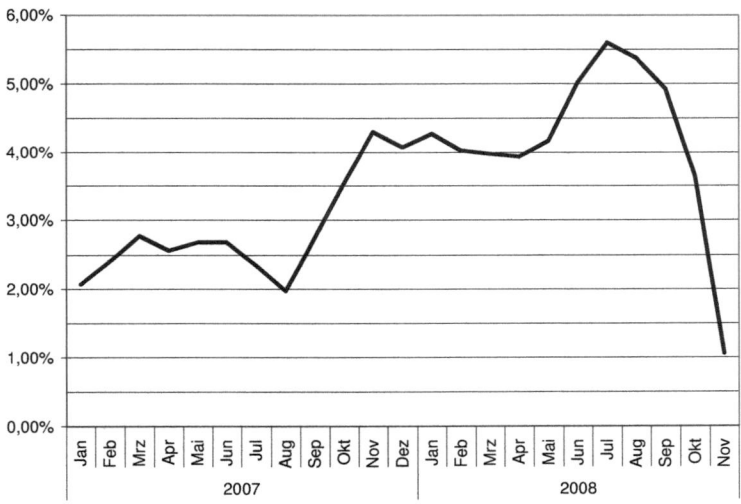

Diagramm 15: Inflationsrate Januar 2007 - November 2008[42]

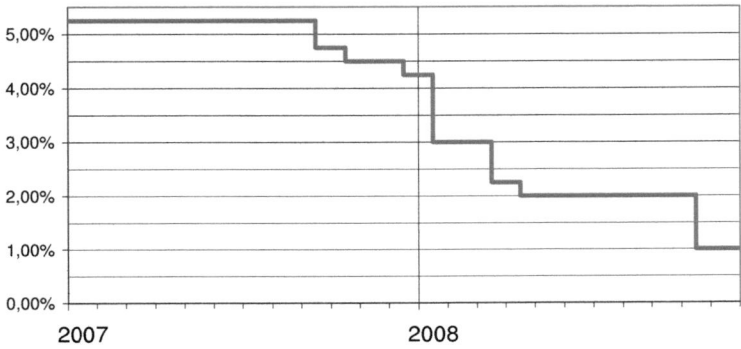

Diagramm 16: Federal Funds Rate Januar 2007 – November 2008[43]

---

[42] Quelle: U.S. Department of Labor (Hrsg.): Consumer Price Index – All Urban Consumers.

[43] Ausschnitt aus Diagramm 2, Seite 9

Es ist daher sehr fraglich, ob diese sehr starke Zinssenkung wirklich zur Lösung der Krise beiträgt. Schon Ende 2000 senkte die Fed als Antwort auf die Internetkrise den Leitzins in kürzester Zeit um ein ähnlich starkes Maß wie Ende 2007/ Anfang 2008. Diese erhebliche Zinssenkung führte zwar zu einem neuerlichen Wirtschaftsaufschwung in den USA und einer schnellen Regeneration der Wirtschaft, jedoch wurde damit auch der Grundstein für die Immobilienkrise 6 Jahre später gelegt. Und wie man in den beiden Diagrammen 15 und 16 erkennen kann, haben die drastischen Zinssenkungen auch längerfristig nicht eine Erholung der Wirtschaft erreicht, denn der Konsum geht weiter zurück.

Weiterhin kann nicht von einer ähnlichen Entwicklung wie 2001 ausgegangen werden, da nicht nur der steigende Leitzins für das gehäufte Ausfallen der Subprime-Kredite verantwortlich ist. Eine weitere Ursache für die steigenden Zahlungsrückstände der amerikanischen Kreditnehmer waren die steigenden Zinsen der vereinbarten variabel verzinslichen Hypotheken, die nach einer kurzen Periode niedriger Zinsen in die Phase der regelmäßigen Zinssteigerungen geraten. Die Banken erhöhten also, wie mit den Kunden vereinbart, die Zinsen.

Ferner kann die Fed das Finanzsystem durch Kredite an Geschäftsbanken steuern. Jede Geschäftsbank besitzt bei der Fed ein Konto mit einem Guthaben, dessen Höhe von den verpfändeten notenbankfähigen Sicherheiten abhängt. Um den Finanzmarkt stabil zu halten, unterstützt die Fed Banken mit Liquiditätsproblemen durch außerplanmäßige Zuschüsse. Dadurch kann die Bank Forderungen anderer Gläubiger bedienen. Diese Gläubiger sind meist andere Geschäftsbanken und natürlich Bankkunden, die ihr Geld bei der Bank angelegt haben. Der Alptraum einer jeden Bank ist der theoretische Fall, dass alle Kunden gleichzeitig ihr angelegtes Geld zurückfordern. In einem solchen Fall fehlen einer Bank schnell die benötigten liquiden Mittel. Genau das soll einer der Gründe für die finanzielle Schieflage von Bear Stearns gewesen sein. Bear Stearns war eine 1923 gegründete Investmentbank und wurde im Mai 2008 von JP Morgan Chase nach der Insolvenz übernommen. Laut Firmenchef Alan Schwartz hatten viele Kunden ihr Geld abgezogen, nachdem Gerüchte um die finanziellen Schwierigkeiten der Bank bekannt wurden. Dadurch hatte sich die Situation verschärft. Er sagte dazu in einer Pressemitteilung vom 14.03.2008:

*"Bear Stearns has been the subject of a multitude of market rumors regarding our liquidity. We have tried to confront and dispel these rumors [...]. Nevertheless, amidst this market chatter, our liquidity position in the last 24 hours had significantly deteriorated."*[44]

Die Fed musste in diesem Moment dem großen Unternehmen unter die Arme greifen. Da jedoch Bear Stearns als Investmentbank nicht auf die Notkredite der Fed zurückgreifen kann, wurde der Bank Geld in unbekannter Höhe durch den Konkurrenten JPMorgan Chase übermittelt. JPMorgan Chase übernahm die insolvente Bank für etwa $ 10 pro Aktie. Dies ist nur eine der zahlreichen Rettungsaktionen, die die Fed im Zuge der Immobilienkrise hinter sich hat. Diese Rettungsaktionen gewinnen immer mehr an Bedeutung, da die Banken untereinander immer misstrauischer wurden und sich Geld nur zu sehr harten Konditionen leihen. Damit sind die Banken auf kurzfristige Kredite der Fed angewiesen, um Liquiditätsprobleme zu bewältigen. Deshalb hat die Fed mittlerweile auch die Bestimmungen zur Vergabe der Notkredite geändert. So dürfen nun nicht mehr nur Geschäftsbanken, sondern auch Investmentbanken Liquidität direkt von der Fed erhalten.

---

[44] etwa: „Bear Stearns Zahlungsfähigkeit war das Thema einer Vielzahl von Gerüchten auf dem Markt. Wir haben versucht, diesen Gerüchten entgegenzutreten und sie zu beseitigen [...]. Dennoch hat sich unsere Liquiditätslage in den letzten 24 Stunden bedeutend verschlechtert.
Quelle: Bear Stearns (Hrsg.): Bear Stearns agrees to secured loan facility with JPMorgan Chase.

## 6.2 Die amerikanische Politik

Das Weiße Haus und der Senat haben das Interesse, die amerikanische Wirtschaft zu fördern und eine Rezession zu vermeiden. Auch hat die Vergangenheit gezeigt, dass politische Systeme in wirtschaftlichen Krisenzeiten instabil werden. Dies möchten die politischen Institutionen natürlich ebenfalls verhindern. Deshalb möchten die beiden großen politischen Parteien in finanzielle Schwierigkeiten geratene Hausbesitzer unterstützen. Man hoffte dadurch natürlich auch auf die Unterstützung aus dem Volk bei der letzten Präsidentschaftswahl im November 2008.

Aus diesen Gründen konnte der von beiden Parteien getragene *Economic Stimulus Act of 2008* relativ schnell beschlossen und umgesetzt werden.

### Economic Stimulus Act of 2008

Am 13.02.2008 unterschrieb George W. Bush ein neues Konjunkturprogramm „ *[...] to provide a booster shot for our economy by putting money back in the hands of American workers and businesses.*"[45]
Mit diesem Gesetz wurden neue Steuervergünstigungen im Wert von mehr als $ 152 Milliarden für einkommensschwache Haushalte und Unternehmen gewährt. Ungefähr 128 Millionen amerikanische Haushalte erhielten einen Steuernachlass bis zum Sommer 2008. Dadurch sollten die Konsumausgaben der Haushalte sowie die Investitionen der Unternehmer wieder gesteigert und die Wirtschaft angekurbelt werden.

In dem Steuerpaket ist vorgesehen, dass jeder Amerikaner mit einem jährlichen Einkommen von $ 3.000 bis $ 75.000 (Ehepaare bis $ 150.000), Geld in Höhe von $ 300 bis $ 600 zurückerhält. Für jedes Kind bis einschließlich 17 Jahre erhält die Familie zusätzlich $ 300. Dadurch kann zum Beispiel eine Familie mit 2 Kindern bis zu $ 1.800 vom Staat zurückbekommen.

---

[45] Etwa: „[...] um eine Finanzspritze für unsere Wirtschaft bereitzustellen, indem wir Geld den amerikanischen Arbeitern und Unternehmen zurückgeben."
Quelle: Office of the Press Secretary (Hrsg.): Fact Sheet: Bipartisan Growth Package Will Help Protect Our Nation's Economic Health.

Bei Steuerzahlern über dieser Einkommensgrenze wird die Unterstützung stufenweise verringert. Dadurch werden hauptsächlich einkommensschwache Familien und der Mittelstand, nicht jedoch reiche Steuerzahler beziehungsweise Haushalte ohne Einkommen, unterstützt. Diese Einschränkungen machen insofern Sinn, da das Paket vor allem für Haushalte mit zunehmenden finanziellen Schwierigkeiten gedacht ist.

Unternehmen werden ebenfalls mit dem *Economic Stimulus Act of 2008* unterstützt. Bei neuen Investitionen in Geräte und Ausstattung können sie zusätzlich 50% der entstandenen Kosten steuerrechtlich abrechnen. Bei Investitionen von maximal $ 800.000 kann ein Unternehmen bis zu $122.000 zusätzlich einsparen. Dadurch erhofft sich die Politik, dass sich Unternehmen ermutigt fühlen, im Jahr 2008 zu expandieren und neue Arbeitsplätze zu schaffen, da der Kauf von neuen Geräten, Ausstattung und Software ihre Steuerpflichten erheblich senken wird[46].

Der Erfolg des *Economic Stimulus Act of 2008* ist bis jetzt eher fragwürdig, da man festgestellt hat, dass Familien das zusätzliche Geld benutzen, um steigende Lebensmittel- und Ölpreise auszugleichen, der Konsum jedoch nicht zusätzlich gesteigert wurde.

FHASecure

Die Federal Housing Administration ist eine staatliche Behörde, die Hypotheken versichert. Durch geringe Zinsen und Raten können einkommensschwache Haushalte mit geringer Bonität eine Hypothek aufnehmen, die sie ansonsten zu deutlich schlechteren Konditionen erhalten würden. FHA loans sind flexibler bei der Rückzahlung, da sie auf ein schwankendes Einkommen eingehen können.
Schon zu Beginn der Immobilienkrise Ende August 2007 rief die Regierung ein neues Programm der FHA ins Leben, um steigenden Zahlungsrückständen und Zwangsversteigerungen entgegenzuwirken. Mit

---

[46] Siehe dazu: Office of the Press Secretary (Hrsg.): Fact Sheet: Bipartisan Growth Package Will Help Protect Our Nation's Economic Health.

dem erweiterten Refinanzierungsprogramm *FHASecure* möchte man bis Ende des Jahres 2008 ungefähr 500.000 Haushalte bei der Neufinanzierung von Hypotheken mit variablem Zinssatz unterstützen. Familien mit einer guten Bonitätsgeschichte, die derzeit nicht in der Lage sind, ihre aktuellen Zahlungen zu leisten, können durch die Neufinanzierung ihrer Hypotheken als FHA loans einer Zwangsversteigerung entgehen. Um sich für *FHASecure* zu qualifizieren, gelten jedoch einige Regeln: So müssen bis zum deutlichen Erhöhen der Zinsen[47] regelmäßig und pünktlich die Zins- beziehungsweise Tilgungszahlungen eingegangen sein. Auch muss man eine durchgängige Beschäftigung nachweisen können und dadurch in der Lage sein, fällige Raten auch weiterhin abzubezahlen. Hierbei wird deutlich, dass *FHASecure* nicht für jeden Subprime-Kunden geeignet ist. Kreditnehmer, die nie hätten einen Kredit erhalten dürfen, weisen nicht die erforderlichen Voraussetzungen für einen FHA loan auf. Da diese Subprime-Kunden keine Möglichkeiten der Tilgung des Kredites haben (werden), nützt auch eine Refinanzierung nicht. Brian Montgomery, Assistant Secretary for Housing-FHA Commissioner, fasst es folgendermaßen zusammen:

„*FHASecure is designed for families who are good borrowers but were steered into high-cost loans with teaser rates.*"[48]

Mit *FHASecure* konnte bis zum Juli 2008 ca. 250.000[49] Hausbesitzern geholfen werden. Damit wurde ebenfalls erreicht, dass durch neue Ratenzahlungen dringend benötigte Liquidität in den Kreditmarkt fließen konnte. Man kann also durchaus sagen, dass das Programm Erfolge für

---

[47] aufgrund der vertraglich geregelten anfänglichen Niedrigzinsen und dem dann folgenden Anstieg der Zinsen

[48] etwa: „FHASecure wurde für Familien entwickelt, die gute Kreditnehmer sind, jedoch durch Lockzinsen in teure Darlehen gerieten."
Quelle: U.S. Department of Housing and Urban Development (Hrsg.): Bush Administration to help nearly one-quarter of a million homeowners refinance, keep their homes.

[49] Quelle: Office of the Press Secretary (Hrsg.): Fact Sheet: Helping Responsible Homeowners Across America.

Kreditnehmer und Kreditgeber verzeichnet. Kreditnehmer erhalten neue Konditionen der Zinszahlungen und Raten, mit denen es ihnen gelingt, die aufgenommene Hypothek abzuzahlen. Der Kreditgeber ist gegen einen Ausfall der Hypothek durch die FHA abgesichert und erhält das verliehene Geld – zwar in einem längeren Zeitraum – zurück. Durch die neu aufgenomm Ratenzahlungen kann er ebenfalls seine Liquidität verbessern.

Allerdings ist zu bemängeln, dass die Zahl der refinanzierten Kredite im Vergleich zu der Gesamtzahl der problematischen Subprime-Kredite noch relativ klein ist. Der Ausbau des Programms ist für den Erfolg also dringend notwendig.

### HOPE for Homeowners

Seit dem 1. Oktober 2008 ist ein weiteres Programm der FHA, *HOPE for Homeowners*, kurz *H4H* genannt, in Kraft getreten. Ähnlich wie *FHASecure* soll es Kreditnehmern ermöglichen, durch eine Refinanzierung ihrer Hypothek, eine Zwangsversteigerung zu verhindern. Dadurch können Familien in ihren Häusern wohnen bleiben, die Lage auf dem Immobilienmarkt könnte sich etwas beruhigen, da weniger zwangsversteigerte Einfamilienhäuser auf den Markt kommen, und der Kreditgeber kann eventuell mehr geliehenes Geld zurückerhalten als er durch eine Zwangsversteigerung bekommen würde, auch wenn der Kredit trotzdem nicht vollständig gedeckt werden kann. Analog zu *FHASecure* ist die Teilnahme am Programm an gewisse Bedingungen geknüpft, die auch hier Kreditnehmer ausschließen, die den Kredit nie zurückzahlen könnten. So muss der Kreditvertrag vor dem 1. Januar 2008 abgeschlossen worden sein und es müssen mindestens sechs vollständige Ratenzahlungen eingegangen sein. Trotzdem darf der Kreditnehmer nicht mehr in der Lage sein, die Raten ohne fremde Hilfe zu bezahlen. Hierfür ist eine gesetzliche Grenze gesetzt: die monatlichen Ratenzahlungen müssen mindestens 31% des Monatseinkommen betragen. Erst dann ist der Kreditnehmer durch *HOPE for Homeowners* förderungswürdig. Um aber an dem Programm teilnehmen zu können, muss vor allem der Kreditgeber dieser Refinanzierung zustimmen, denn er wird sehr wahrscheinlich einen Teil des Kredites abschreiben müssen.

Bis zum 30. September 2011 soll etwa 400 000 Hausbesitzern geholfen werden, indem man die meist variabel verzinslichen, teuren Hypotheken durch festverzinsliche Kredite mit 30- oder 40jähriger Laufzeit ersetzt. Dabei wird zuerst die betroffene Immobilie durch einen Gutachter neu geschätzt. Dieser ermittelte Wert des Hauses bestimmt die maximale Höhe der von der FHA bewilligten Hypothek. Die FHA vergibt einen Kredit von bis zu 90% des Immobilienwertes. Dabei wird sehr wahrscheinlich noch nicht der ausstehende Kredit gedeckt, trotzdem muss der Gläubiger auf alle weiter reichenden Forderungen verzichten. Er wird an dieser Stelle also eine Abschreibung tätigen müssen. Dennoch, so glaubt man, werden viele Kreditgeber dieser Refinanzierung zustimmen, da sie ansonsten die hohen Kosten einer Zwangsversteigerung und den ungewissen Ausgang dieser Versteigerung als Risiko haben. Laut der FHA wäre eine Zwangsversteigerung für die Kreditgeber kostspieliger als eine Refinanzierung durch das staatliche Programm *HOPE for Homeowners.*[50]

Der Kreditnehmer kann nun seine monatlichen Ausgaben besser kalkulieren, da er jeden Monat dieselbe Rate zahlen muss. Weiterhin darf er in den ersten fünf Jahren keine zusätzliche Hypothek auf sein Haus aufnehmen und beim Verkauf des Hauses muss er den möglichen Gewinn[51] mit der FHA teilen. Ein kleines Beispiel verdeutlicht das Prinzip der Refinanzierung: falls das Haus laut Gutachter $ 200 000 wert war, so bekam der Hausbesitzer einen Kredit über $ 180 000, den er innerhalb von 30 Jahren an die FHA zurückzahlen muss. Wenn aber der Eigentümer nach beispielsweise 15 Jahren das Haus zu einem Preis von $ 250 000 verkauft, so erhält die FHA die Hälfte der Preiserhöhung – als $ 25 000 – zusätzlich zur Rückzahlung des Kredits. Ist der Verkaufspreis unter dem des geschätzten Wertes, so erhält die FHA nichts.

---

[50] Federal Housing Administration (Hrsg.): HOPE for Homeowners – Frequently Asked Questions for the Housing Industry. Seite 1.

[51] Differenz zwischen ursprünglicher Höhe des Krediles der FHA und Verkaufspreis

Auch dieses Refinanzierungsprogramm setzt bei den Ursachen der Krise an und versucht durch die Verhinderung von Zwangsversteigerungen der Immobilienkrise entgegenzuwirken. Man kann also auch hier auf einen Erfolg versprechendes Ergebnis hoffen, insofern das Programm vor allem von den Kreditgebern positiv angenommen wird.

Trotz zahlreicher staatlicher Programme zur Lösung der Immobilienkrise und zur Unterstützung der Hausbesitzer konnten die noch amtierende Regierung um Georg W. Bush und der republikanische Präsidentschaftskandidat John McCain in der Wahl nicht überzeugen. Vielmehr wurde deutlich, dass die Mehrheit der amerikanischen Bevölkerung eine Lösung der wirtschaftlichen Krise in den USA dem demokratischen Kandidaten Barack Obama eher zutraute. Dies wurde anhand der für ihn steigenden Umfragewerte ab September 2008 offensichtlich, als eine neuerliche Welle der Insolvenzen die Banken traf und der Dow Jones, der amerikanische Aktienindex, auf enorme Talfahrt ging und Verluste von über 5% machte.

## 6.3 Banken und Unternehmen

Die Kreditgeber, also Banken und andere Investoren, sind ebenso an einer Lösung der Immobilienkrise interessiert wie die Politik. Den Banken geht es vor allem darum, dafür zu sorgen, dass die Ratenzahlungen der Schuldner aufrechterhalten werden und man so die eigene Liquidität sichern kann. Von einer staatlichen Initiative ausgehend wurde daher die *Hope Now Alliance* gegründet. Es ist ein Zusammenschluss von Anwälten, Banken, Kreditgebern im Allgemeinen und anderen Unternehmen, die im Hypothekengeschäft tätig sind. Gemeinsam möchte man effektivere und weiter reichende Lösungen für Hausbesitzer finden. Die öffentliche Erklärung der *Hope Now Alliance* lautet daher wie folgt:

> „This alliance will [...] create a unified, coordinated plan to reach and help as many homeowners as possible. The members of this alliance recognize that by working together, they will be more effective than by working independently."[62]

Viele große Banken und Investoren sind Teil des Bündnisses, wie etwa die Bank of America, die Citigroup, Fannie Mae und Freddie Mac. Dadurch sind etwa 70% aller Hypotheken mit Unternehmen abgeschlossen wurden, die Mitglied bei der *Hope Now Alliance* sind. Gemeinsam möchte man risikobehaftete Kreditnehmer, besonders Schuldner mit Subprime ARMs, durch kostenlose Informationsmaterialien und persönliche Beratungsgespräche über andere Finanzierungsmöglichkeiten aufklären und ihnen beim Abzahlen der Kredite helfen. Gleichzeitig arbeitet man mit den Kreditnehmern an neuen Finanzierungsplänen. So versucht man etwa variabel verzinsliche Kredite in festverzinsliche umzuwandeln oder durch geringere Zinsen und längere Laufzeiten den Zahlungsfluss zu erhalten. Weiterhin gibt es die

---

[62] etwa: "Dieses Bündnis wird einen einheitlichen, abgestimmten Plan entwerfen, um so viele Hausbesitzer wie mögliche zu erreichen und ihnen zu helfen. Die Mitglieder dieses Bündnisses erkennen an, dass sie durch die Zusammenarbeit effektiver sein werden, als wenn sie unabhängig voneinander arbeiten."
Quelle: Hope Now Alliance (Hrsg.): Alliance Statement.

Möglichkeit, den Prozess der Zwangsversteigerung weiter hinauszuzögern oder die Ratenzahlung für einen bestimmten Zeitraum auszusetzen, wenn der Kreditnehmer nur momentan nicht in der Lage ist, Rückzahlungen zu leisten – etwa aufgrund von Arbeitslosigkeit.

Insgesamt ist das Programm sehr sinnvoll, da besonderer Wert auf die Aufklärung der Kreditnehmer und persönliche Beratungs- und Informationsveranstaltungen gelegt wird. So war vielen Schuldnern nicht bewusst, dass bei steigendem Zinssatz ihre Zahlungsfähigkeit ernsthaft gefährdet sein könnte. Sie wurden von den Kreditgebern schlecht oder kaum beraten und ihre Zahlungsmöglichkeiten kaum kontrolliert, da das entstehende Risiko in Wertpapieren weiterverkauft werden sollte. Dieses Informationsdefizit wird nun – in beide Richtungen gehend – nachgeholt: Die Kunden werden über Refinanzierungsmöglichkeiten informiert, die Kreditgeber über die Zahlungsfähigkeit ihrer Kunden.

Auch die Zahl der bisher erfolgreich bearbeiteten Kredite ist viel versprechend: etwa 2,7 Millionen Kredite konnten von Juli 2007 bis November 2008 durch neue Tilgungsvereinbarungen oder gänzlich neue Kreditkonditionen gerettet werden.

Trotzdem sind die Zahl der rückständigen Kredite und die Zwangsversteigerungen in diesem Zeitraum kontinuierlich gestiegen, wie man in Diagramm 8, Seite 24, und Diagramm 10, Seite 27, sehen kann. Es lässt sich daraus schließen, dass die Rettungsmaßnahmen von staatlicher und privater Seite zwar wahrscheinlich Schlimmeres verhindern konnten, jedoch die Krise nicht vorläufig beenden oder gänzlich lösen konnten.

# 7 Zusammenfassung und Ausblick

Das Platzen der Immobilienblase hat das weltweite Finanzsystem ins Wanken gebracht. Wie ein Tsunami erfasste die Krise erst die amerikanischen Banken, schwappte dann auf den europäischen und asiatischen Kontinent über, um dann im Herbst 2008 die Realwirtschaft zu erfassen. Am Anfang dieser Ereigniskette aber stehen amerikanische Familien aus der Mittel- und Unterschicht, die sich mit einem Eigenheim den amerikanischen Traum erfüllen wollten. Die Bedingungen für den Kauf eines Hauses waren günstig: Kredite waren dank der Niedrigzinspolitik der Fed billig, die Immobilienpreise stiegen konstant und Banken suchten nach neuen Kunden, die sie in den einkommensschwachen Familien fanden. Die Kreditgeber störten sich nicht an der schlechten Bonität ihrer Kunden, da sie das entstehende Risiko mit neuen Finanzprodukten an Investoren auf der ganzen Welt verkaufen konnten. Diese Finanzprodukte versprachen eine höhere Rendite im Vergleich zu herkömmlichen Wertpapieren und das bei gleicher Bewertung durch die Rating-Agenturen. So wurden die Risiken auf dem weltweiten Finanzmarkt verteilt und dieser wurde dementsprechend unübersichtlich. Als dann die Zinsen der Hypotheken stiegen und es immer häufiger zu Zahlungsrückständen und Zwangsversteigerungen kam, sanken die Preise auf dem Immobilienmarkt. Es verstärkten sich die Zahlungsausfälle auf dem Subprime-Markt, die die Investoren, die in diese Art Wertpapiere investiert hatte, zu spüren bekamen. Man stellte plötzlich fest, dass das Risiko doch höher war als gedacht; die Papiere bekamen ein schlechteres Rating und verloren immens an Wert. Die Krise auf dem Immobilienmarkt hatte sich nun also zur Banken- oder Finanzkrise entwickelt. Reihenweise mussten Investoren, wie Investmentbanken, Hedgefonds und REITs, Insolvenz anmelden. Nicht nur, weil die Verluste durch Wertpapiere so groß waren, sondern weil sich die Finanzunternehmen untereinander auch immer weniger vertrauten. Diese wollten eigene liquide Mittel nicht an andere verleihen, da sie deren Verlust fürchteten. Viele Banken und Investoren hatten mittels kurzfristiger Kredite langfristige Investitionen finanziert. Als nun die kurzfristigen Kredite nicht mehr verlängert wurden, kamen sie in finanzielle Schwierigkeiten und mussten im ungünstigsten Fall Insolvenz anmelden. Um das Lauffeuer der Pleite gehenden Banken einzudämmen, beschloss die amerikanische Regierung ein Rettungspaket im Umfang von maximal $ 700 Milliarden: den *Emergency Economic Stabilisation Act of 2008*. Seit dem Inkrafttreten am 03.10.2008 kann das US-Finanzministerium so genannte *toxic assets*, also die neuen Finanzprodukte, die sich als tödlich erwiesen hatten, von Finanzinstituten aufkaufen, um diese zu entlasten. Es wird interessant sein, in den nächsten Monaten zu beobachten, inwiefern dieses Rettungspaket das Vertrauen der Banken untereinander wiederherstellt und eine Normalisierung der Finanzströme erreicht werden kann. Schon jetzt ist ersichtlich, dass es die Realwirtschaft nicht vor einer Rezession bewahrt hat. Aufgrund schärferer Vergaberichtlinien bei Krediten, konnten Firmen weniger investieren und auch der Konsum, der in Amerika ein wichtiger Pfeiler der Wirtschaft ist, ging merklich zurück. Der Konsumrückgang findet seine Ursachen ebenfalls bei den Turbulenzen auf dem Immobilien- und Kreditmarkt. Zusätzlich und auch aufgrund dieser Unruhen ist die Arbeitslosigkeit in Amerika gestiegen. Es ist nun abzuwarten, ob weitere staatliche Maßnahmen und der Regierungswechsel ab Januar 2009 der Wirtschaft wieder auf die Beine helfen können oder ob sich die USA am Rande einer Depression befinden.

Zumindest der Wendepunkt der Immobilienkrise könnte bald erreicht sein – das jedenfalls suggerieren die statistischen Daten, die ich in meiner Arbeit verwenden konnte. Da die Lösungsansätze meiner Meinung nach an den richtigen Punkten ansetzen, kann man davon ausgehen, dass sich die Lage auf dem Immobilienmarkt langsam beruhigen wird. Dies bedeutet jedoch nicht unbedingt eine Besserung der Finanz- und Realmärkte, da die Immobilienkrise zwar Auslöser, nicht jedoch einzige Ursache der Krise auf diesen Märkten ist.

# 8 Literaturverzeichnis

Balzli Beat, Fleischhauer Jan, von Hammerstein Konstantin, Hornig Frank, Reiermann Christian, Reuter Wolfgang, Sauga Michael: Der kranke Gorilla. In: Der Spiegel 5/2008. Hamburg 2008, S. 20-32.

Bear Stearns (Hrsg.): Bear Stearns agrees to secured loan facility with JPMorgan Chase. 14.03.2008, http://www.bearstearns.com/sitewide/our_firm/press_releases/content.htm?d=03_14_2008.

Bear Stearns (Hrsg.): JPMorgan Chase Completes Bear Stearns Acquisition. 31.05.2008, http://www.bearstearns.com/includes/pdfs/PressRelease_BSC_31May08.pdf.

Blundell-Wignall Adrian: The Subprime Crisis: Size, Deleveraging and Some Policy Options. In: OECD Journal: Financial Market Trends Volume 2008 Issue 1. Paris 2008, S. 21-45.

Board of Governors of the Federal Reserve System (Hrsg.): The Federal Reserve System. Purposes and Functions. Washington DC 2005, S. 15-36.

Börse Stuttgart AG (Hrsg.): Infos zu den S&P Ratings. [24.10.2008], http://www.boerse-stuttgart.de/de/213-infos_zu_den_sp_ratings.html.

Bush Georg W. (Hrsg.): A Home of Your Own. Expanding Opportunities for all Americans. Washington DC 2002, S. 1-9.

Ebberg Jan: Charakterisierung und Analyse von Asset Backed Securities. Konstanz 1997.

Federal Housing Administration (Hrsg.): HOPE for Homeowners – Frequently Asked Questions for the Housing Industry. [13.12.2008], http://portal.hud.gov/portal/page?_pageid=73,7601299&_dad=portal&_schema=PORTAL.

Federal Reserve Board (Hrsg.): Intended Federal Funds Rate. [November 2007 bis Dezember 2008], http://www.federalreserve.gov/fomc/fundsrate.htm.

Financial Times Deutschland (Hrsg.): JPMorgan pflückt faule Bear Stearns. 17.03.2008, http://www.ftd.de/unternehmen/finanzdienstleister/:JP%20Morgan%20Bear%20Stearns/331873.html.

Finanzen.net (Hrsg.): Aktienkurse von Citigroup, Bear Stearns und Merill Lynch. [14.05.2008], http://www.finanzen.net/aktienkurse.asp.

Fischer Malte: Keynes lässt grüßen – aus Washington! In: WirtschaftsWoche 6/2008. Düsseldorf 2008, S. 48.

Fressl Roland: Market Facts. Marktbericht vom 17.08.2007. Graz 2007, S. 4-12.

Gischer Horst, Herz Bernhard, Menkhoff Lukas: Geld, Kredit und Banken. Eine Einführung. Berlin 2005, S. 107-160, S. 237-250.

Goldman Morgenstern & Partners (Hrsg.): Hypothekenkrise USA - Zwei Hedge-Fonds in großer Not. [15.05.2008], http://www.gomopa.net/Finanzforum/Hedge-Fonds/Hypothekenkrise-USA-Zwei-Hedge-Fonds-in-grosser-Not.html.

Green Richard, Wachter Susan: The Housing Finance Revolution. Wyoming 2007.

Grosche Günther: Subprime Krise. Wie geht es weiter an den Märkten? In: Kundenzeitung Oktober 2007. Bremen 2007.

Hedgefonds24.de (Hrsg.): Definition. [14.05.2008], http://www.hedgefonds24.de/hedgefonds.html.

Hope Now Alliance (Hrsg.): Alliance Statement. [14.12.2008], http://www.hopenow.com/media/alliance_statement.php.

Hope Now Alliance (Hrsg.): Mortgage Servicing Guidelines. 09.06.2008, http://www.hopenow.com/upload/press_release/files/Mortgage%20Servicing%20Guidelines.pdf.

Institut für Betriebliche Finanzwirtschaft (Hrsg.): Kapitalmarktinstrumente - Asset Backed Securities und Pfandbrief. Linz 2005, S. 11-19.

Investopedia (Hrsg.): Dissecting The Bear Stearns Hedge Fund Collapse. [15.05.2008], http://www.investopedia.com/articles/07/bear-stearns-collapse.asp.

Jäger Moritz: Nichts als ein Brief. In: Onlineauftritt der Süddeutschen Zeitung. 19.07.2007, http://www.sueddeutsche.de/finanzen/artikel/449/124270/.

Jauch Sebastian: Verbriefung von Kreditrisiken und das Bankensystem. Eine Analyse der Subprime Loan Krise. München 2007, S. 6-12.

Knox Noelle, Kirchhoff Sue: Criticism rains down on mortgage industry. In: Onlineauftritt der USA TODAY. 23.10.2007, http://www.usatoday.com/money/economy/housing/2007-10-23-mortgages-refinance_N.htm?csp=34.

Krahnen Jan Pieter: Ökonomische Analyse von Verbriefungsstrategien. Frankfurt 2004.

Lange Bettina: Immobilienrating. Modell zur Analyse von Ausfallrisiken immobilienwirtschaftlicher Kreditengagements. Norderstedt 2005.

Maisch Michael: Tanzen bis zum Umfallen. In: Onlineauftritt des Handelsblatt. 30.10.2007, http://www.handelsblatt.com/News/Unternehmen/Aktuell/_pv/_p/303394/_t/ft/_b/1344120/default.aspx/tanzen-bis-zum-umfallen.html.

McLean Bethany: The dangers of investing in subprime debt. In: Onlineauftritt von CNN. 19.03.2007, http://money.cnn.com/magazines/fortune/fortune_archive/2007/04/02/8403416/index.htm.

McMahon Tim (Hrsg.): How Do I calculate the Inflation Rate? [16.05.2008], http://inflationdata.com/inflation/Inflation_Articles/CalculateInflation.asp.

Mortgage Bankers Association (Hrsg.): National Delinquency Survey. Press Releases für das 4. Quartal 2001 bis zum 3. Quartal 2008. [Februar bis Dezember 2008], http://www.mortgagebankers.org/ResearchandForecasts/ProductsandSurveys/NationalDelinquencySurvey.htm.

Neue Zürcher Zeitung Online (Hrsg.): New Century dekotiert. Die Krise im Subprime-Bereich spitzt sich weiter zu. 14.03.2007, http://www.nzz.ch/2007/03/14/bm/articleF0D1J.html.

New York Times (Hrsg.): Homeownership Declines for Fourth Consecutive Quarter. 27.10.2007, http://www.nytimes.com/2007/10/27/business/27owners.html?_r=2&adxnnl=1&oref=slogin&adxnnlx=1213111006-xB0wrzfhxpz7nzs44ai3+A.

n-tv.de (Hrsg.): Bear Stearns gibt auf. 18.07.2007, http://www.n-tv.de/828309.html.

Office of Federal Housing Enterprise Oversight (Hrsg.): 3Q 2008 House Price Index Report. Washington DC 2008.

Office of the Press Secretary (Hrsg.): Fact Sheet: Bipartisan Growth Package Will Help Protect Our Nation's Economic Health. 13.02.2008, http://www.whitehouse.gov/news/releases/2008/02/20080213-5.html.

Office of the Press Secretary (Hrsg.): Fact Sheet: Helping Responsible Homeowners Across America. 01.07.2008, http://www.whitehouse.gov/news/releases/2008/07/20080701-5.html.

Office of the Press Secretary (Hrsg.): Fact Sheet: New Steps to Help Homeowners Avoid Foreclosure. 31.08.2007, http://www.whitehouse.gov/news/releases/2007/08/20070831-4.html.

Office of the Press Secretary (Hrsg.): President's Remarks at the National Federation of Independent Businesses. 17.06.2004, www.whitehouse.gov/news/releases/2004/06/20040617-7.html.

Rudloff Birgit: Ein Modell zur Berechnung von Ausfallkorrelationen und dessen Anwendung auf die Bewertung synthetischer CDOs. Halle 2002, S. 5-20.

Rudolph Bernd, Scholz Julia: Pooling und Tranching im Rahmen von ABS-Transaktionen. München 2007, S. 2-5.

Schürmann Christof, Welp Cornelius: Elitärer Zirkel. In: WirtschaftsWoche 7/2008. Düsseldorf 2008, S. 46-50.

SpiegelOnline (Hrsg.): Citigroup muss 18 Milliarden Dollar abschreiben. 15.01.2008, http://www.spiegel.de/wirtschaft/0,1518,528648,00.html.

Statistisches Bundesamt (Hrsg.): Statistisches Jahrbuch 2006. Für die Bundesrepublik Deutschland. Wiesbaden 2006, S. 283.

Ströbele Wolfgang: Inflation. Einführung in Theorie und Politik. München 1984.

U.S. Census Bureau (Hrsg.): American Housing Survey for the United States: 2001. Washington DC 2002.

U.S. Census Bureau (Hrsg.): American Housing Survey for the United States: 2005. Washington DC 2006.

U.S. Census Bureau (Hrsg.): Homeownership Rates for the U.S. and Regions 1965 to Present. [November 2007 bis November 2008], http://www.census.gov/hhes/www/housing/hvs/historic/histt14.html.

U.S. Census Bureau (Hrsg.): New Residential Sales. Quarterly Sales by Price and Financing. [23.10.2008], http://www.census.gov/const/quarterly_sales.pdf.

U.S. Department of Housing and Urban Development (Hrsg.): American Dream Downpayment Initiative. [13.11.2007], http://www.hud.gov/offices/cpd/affordablehousing/programs/home/addi/

U.S. Department of Housing and Urban Development (Hrsg.): Bush Administration to help nearly one-quarter of a million homeowners refinance, keep their homes. 31.08.2007, http://www.hud.gov/news/release.cfm?content=pr07-123.cfm.

U.S. Department of Housing and Urban Development (Hrsg.): Bush Administration to expand mortgage help for struggling families. 09.04.2008, http://www.hud.gov/news/release.cfm?content=pr08-050.cfm.

U.S. Department of Housing and Urban Development (Hrsg.): FHASecure Fact Sheet: Refinance Options. [10.06.2008], http://portal.hud.gov/portal/page?_pageid=33,717446&_dad=portal&_schema=PORTAL.

U.S. Department of Labor (Hrsg.): Consumer Price Index – All Urban Consumers. [28.12.2008], http://www.bls.gov/cpi/.

Weiss Marc A.: Marketing and Financing Home Ownership. Mortgage Lending and Public Policy in the United States 1918-1989. In: Business and Economic History. 1989, S. 109-117.

WeltOnline: Warum Währungshüter kaum noch Macht haben. 17.03.2008, http://www.welt.de/wirtschaft/article1810763/Warum_Waehrungshueter_kaum_noch_Macht_haben.html.

WGZ Bank AG (Hrsg.): Die US Subprime Hypotheken-Krise. Düsseldorf 2007.

Wharton School (Hrsg.): The Subprime Blame Game: Where Were the Realtors? 17.10.2007, http://knowledge.wharton.upenn.edu/article.cfm?articleid=1824.

Wiwo.de (Hrsg.): Die Finanzkrise ist längst nicht ausgestanden. 18.01.2008, http://www.wiwo.de/finanzen/die-finanzkrise-ist-laengst-nicht-ausgestanden-262329/.

Wiwo.de (Hrsg.): Fed und JP Morgan retten Bear Stearns. 14.03.2008, http://www.wiwo.de/handelsblatt/fed-und-jp-morgan-retten-bear-stearns-269708/.

## 9 Verzeichnis der Fachworterklärungen

Eigennutzerquote (Homeownership Rate):
Die Eigennutzerquote ist der Quotient der Häuser, die von ihrem Besitzer bewohnt werden, und aller bewohnter Häuser.

$$Eigennutzerquote\ (\%) = \left[\frac{vom\ Eigentümer\ bewohnte\ Immobilien}{alle\ bewohnten\ Immobilien}\right] \times 100$$

Forderungsbesichertes Wertpapier:
Anleihe (verzinsliches Wertpapier), dessen Zahlungsanspruch durch Forderungen gedeckt wird

Hedgefonds:
Hedgefonds sind Investmentfonds, die aufgrund fehlender Anlagerichtlinien alle Formen der Kapitalanlage nutzen können. Sie sind auf Gewinnmaximierung ausgelegt und stellen meist ein höheres Risiko als normale Investmentfonds dar.

Inflation:
Der Preisindex (CPI) ist ein statistisches Mittel um die Inflation einer Volkswirtschaft darzustellen. Dazu wird die Preisentwicklung eines bestimmten Warenkorbes mit Gütern des täglichen Bedarfs über die Jahre beobachtet.

$$Inflationsrate\ (\%) = \left[\frac{Aktueller\ Preisindex - Preisindex\ vor\ einem\ Jahr}{Preisindex\ vor\ einem\ Jahr}\right] \times 100$$

Leitzins:
Der Leitzins wird von einer Notenbank, zum Beispiel der Europäische Zentralbank oder Fed, festgelegt. Er bestimmt, zu welchen Konditionen sich Geschäftsbanken Geld von der Zentralbank leihen können.

### Rating:
Mit einem Rating werden Unternehmen, Kreditnehmer und Wertpapiere bewertet. Rating-Agenturen nehmen die Bewertung anhand von bestimmten Kriterien, die die Ausfallwahrscheinlichkeit bestimmen, vor.

### Real Estate Investment Trust:
Kapitalgesellschaft, die das Kapital ihrer Anleger zu mindestens 75% in den US-Immobilienmarkt investiert

### Subprime:
Kredite und Hypotheken, die an Kreditnehmer mit minderwertiger Bonität vergeben werden. Der Kreditnehmer hat ein geringes Einkommen, ist verschuldet oder konnte schon einmal seinem Schuldendienst nicht nachkommen. Das Ausfallrisiko ist relativ hoch.

### Tilgung:
Zur Berechnung der monatlichen Tilgung T eines Annuitätendarlehens benötigt man die Kreditsumme K, den jährlichen Zinssatz (in %) Z und die Laufzeit m in Monaten. p ist der monatliche Zinssatz.

$$p = \frac{Z}{100 \times 12 \, \text{Monate}}$$

$$T = K \times p \times \left[ \frac{(1+p)^m}{(1+p)^m - 1} \right]$$

### Zahlungsrückstand und Zwangsversteigerungen:
Wenn ein Kreditnehmer die monatliche Rate nicht pünktlich bezahlen kann, so kommt er in Zahlungsverzug. Dabei wird unterschieden in Kredite mit einem Zahlungsrückstand von 30, 60 oder 90 Tagen. Danach folgt häufig eine Zwangsversteigerung.

$$Zahlungsrückstand \, (\%) = \left[ \frac{Anzahl \, der \, rückständigen \, Kredite}{Anzahl \, aller \, Kredite} \right] \times 100$$

## 10 Abbildungsverzeichnis

Diagramm 1: Eigennutzerquote  Seite 8

Diagramm 2: Federal Funds Rate – Leitzins der USA  Seite 9

Diagramm 3: Aktuelle Zinssätze in den Jahren 2001 und 2005
 Seite 10

Diagramm 4: Preisentwicklung bei Immobilien 2000-2008  Seite 13

Diagramm 5: Verkaufte Häuser 2003-2008  Seite 15

Diagramm 6: System der Kreditverbriefung  Seite 19

Diagramm 7: Auswirkung von Kreditausfällen auf unterschiedliche Tranchen  Seite 21

Diagramm 8: Zahlungsrückstand (in %) und Leitzins  Seite 24

Diagramm 9: neue Zwangsversteigerung pro Quartal  Seite 26

Diagramm 10: Zwangsversteigerungen in Abhängigkeit vom Kredittyp
 Seite 27

Diagramm 11: Aufteilung der Kredite auf die einzelnen Kredittypen 4. Quartal 200733  Seite 28

Diagramm 12: Anteil der Kredittypen an neuen Zwangsversteigerungen 4. Quartal 2007  Seite 28

Diagramm 13: Aktienkurs Bear Stearns vom 01.01.2007 – 14.05.2008
 Seite 30

Diagramm 14: Aktienkurs Citigroup vom 01.01.2007 – 14.05.2008
 Seite 30

Diagramm 15: Inflationsrate Januar 2007 - November 2008
 Seite 35

Diagramm 16: Federal Funds Rate Januar 2007 – November 2008
 Seite 35

## 11 Anlagen

Anlage 1: Entwicklung des Leitzinses von 2000 bis 2008[53]

| Änderungsdatum | neuer Leitzins |
|---|---|
| 16.12.2008 | 0% - 0,25% |
| 29.10.2008 | 1,00% |
| 08.10.2008 | 1,50% |
| 30.04.2008 | 2,00% |
| 18.03.2008 | 2,25% |
| 30.01.2008 | 3,00% |
| 22.01.2008 | 3,50% |
| 11.12.2007 | 4,25% |
| 31.10.2007 | 4,50% |
| 18.09.2007 | 4,75% |
| 17.08.2007 | 5,25% |
| 29.06.2006 | 5,25% |
| 10.05.2006 | 5,00% |
| 28.03.2006 | 4,75% |
| 31.01.2006 | 4,50% |
| 13.12.2005 | 4,25% |
| 02.11.2005 | 4,00% |
| 20.09.2005 | 3,75% |
| 09.08.2005 | 3,50% |
| 30.06.2005 | 3,25% |
| 03.05.2005 | 3,00% |
| 22.03.2005 | 2,75% |
| 02.02.2005 | 2,50% |
| 14.12.2004 | 2,25% |

| Änderungsdatum | neuer Leitzins |
|---|---|
| 10.11.2004 | 2,00% |
| 21.09.2004 | 1,75% |
| 10.08.2004 | 1,50% |
| 30.06.2004 | 1,25% |
| 25.06.2003 | 1,00% |
| 09.01.2003 | 1,25% |
| 06.11.2002 | 1,25% |
| 11.12.2001 | 1,75% |
| 06.11.2001 | 2,00% |
| 02.10.2001 | 2,50% |
| 17.09.2001 | 3,00% |
| 21.08.2001 | 3,50% |
| 27.06.2001 | 3,75% |
| 15.05.2001 | 4,00% |
| 18.04.2001 | 4,50% |
| 20.03.2001 | 5,00% |
| 31.01.2001 | 5,50% |
| 04.01.2001 | 6,00% |
| 03.01.2001 | 6,00% |
| 19.05.2000 | 6,50% |
| 16.05.2000 | 6,50% |
| 21.03.2000 | 6,00% |
| 02.02.2000 | 5,75% |

---

[53] Quelle: Federal Reserve Board (Hrsg.): Intended Federal Funds Rate.

## Anlage 2: Rating nach Standart & Poor's[54]

| | |
|---|---|
| **Sehr gute und gute Anleihen (Investment-Grade):** | |
| AAA | Die Fähigkeit des Schuldners, seinen finanziellen Verpflichtungen aus dem Schuldverhältnis nachzukommen, ist außerordentlich überzeugend. |
| AA | Die Fähigkeit des Schuldners, seinen finanziellen Verpflichtungen aus dem Schuldverhältnis nachzukommen, ist sehr überzeugend. |
| A | Anleihen sind ein wenig anfälliger im Falle einer Verschlechterung der Wirtschaftsbedingungen. Dennoch ist die Fähigkeit des Schuldners, seinen finanziellen Verpflichtungen aus dem Schuldverhältnis nachzukommen, immer noch überzeugend. |
| BBB | Widrige Wirtschaftsbedingungen oder sich verändernde Verhältnisse können dazu führen, dass die Fähigkeit des Schuldners, seinen finanziellen Verpflichtungen aus dem Schuldverhältnis nachzukommen, geschwächt wird. |
| **Spekulative Anleihen (Non-Investment-Grade):** | |
| BB | Durch widrige und sich verändernde wirtschaftliche, finanzielle sowie geschäftliche Verhältnisse kann die Fähigkeit des Schuldners, seinen finanziellen Verpflichtungen aus dem Schuldverhältnis nach zu kommen, nur noch unzulänglich sein. |
| B | Es besteht eher die Gefahr eines Zahlungsausfalls. Jedoch hat der Schuldner aktuell die Fähigkeit, seinen finanziellen Verpflichtungen aus dem Schuldverhältnis nachzukommen. Ungünstige wirtschaftliche, finanzielle oder geschäftliche Verhältnisse werden aber wahrscheinlich diese Fähigkeit schmälern. |
| **Hochspekulative Anleihen (Non-Investment-Grade, Junk Bonds):** | |
| CCC | Anleihen sind aktuell anfällig für einen Zahlungsausfall. In einer ungünstigen wirtschaftlichen, finanziellen sowie geschäftlichen Situation wird der Schuldner seinen finanziellen Verpflichtungen aus dem Schuldverhältnis sehr wahrscheinlich nicht nachkommen können. |
| CC | Anleihen, die mit „CC" bewertet sind, sind aktuell für einen Zahlungsausfall hoch anfällig. |
| C | Ein „C"-Rating wird dann vergeben, wenn Konkurs angemeldet wurde oder eine ähnliche Situation eingetreten ist. Zahlungen aus diesem Schuldverhältnis werden jedoch trotzdem weiter geleistet. |
| **Zahlungsverzug / -unfähigkeit:** | |
| D | Rückzahlungen befinden sich im Verzug. Ein „D"-Rating wird außerdem im Falle eines Konkurses sowie ähnlichen Situationen vergeben, falls Rückzahlungen aus dem Schuldverhältnis in Gefahr sind. |
| **Zusätze:** | |
| Plus (+) / Minus (-) | Die Ratings von „AA" bis „CCC" können durch ein Plus (+) oder ein Minus (-) modifiziert sein, um innerhalb dieser Hauptkategorien relative Abstufungen anzuzeigen. |

---

[54] Quelle: Börse Stuttgart AG (Hrsg.): Infos zu den S&P Ratings.

Anlage 3: relative Kursentwicklung von Merrill Lynch, Bear Stearns und Citigroup vom 01.01.2007 bis 14.05.2008[55]

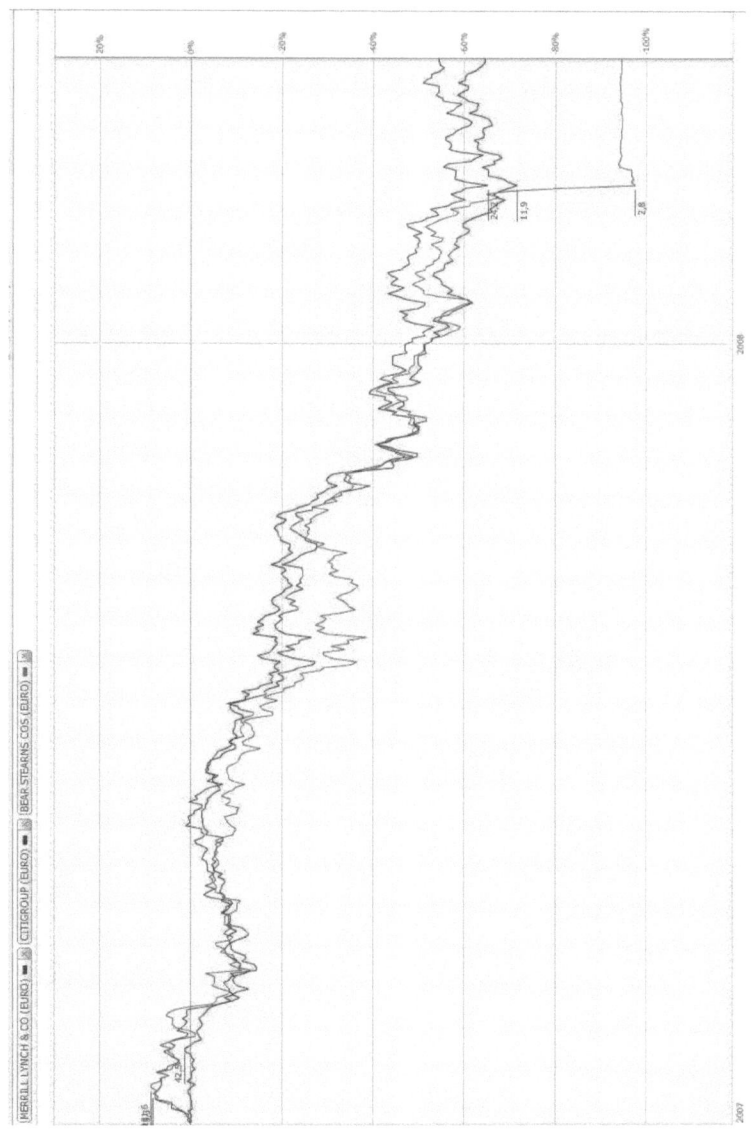

[55] Quelle: Finanzen.net (Hrsg.): Aktienkurs von Citigroup, Bear Stearns und Merrill Lynch